Lore Galitz

Rituale
für jeden Tag

Mehr innere Balance, Zufriedenheit
und Lebensfreude

IRISIANA

Wiederholungen – Fluch oder Segen?

Rituale für Balance und inneres Wachstum

WIEDERHOLUNGEN – FLUCH ODER SEGEN?

Was ist fertig und wird doch jeden Tag gemacht? Bestimmt kennen Sie die Antwort auf dieses Rätsel. Aber diese Frage ist auch ein perfektes Sinnbild für unser immer wiederkehrendes Tun: Sofort kommen uns die alltäglichen Routinen in den Sinn, all die Handgriffe und Aufgaben, die uns in ständiger Beschäftigung halten.

Jeder unserer Tage ist zu einem guten Teil angefüllt mit notwendigen Erledigungen und automatischen Abläufen, die wir schablonenhaft verrichten. Wir bewältigen Aufgaben, ohne darüber nachzudenken, geschweige denn, dass wir uns auf das Handeln konzentrieren oder es bewusst ausführen.

Schon morgens beginnen wir mit einem Pflegeprogramm, das aus uns einen frischen, dynamischen, repräsentativen und unwiderstehlichen Menschen machen soll. Dann folgen die vielen Tätigkeiten, mit denen wir unsere Familie und unsere Lieben versorgen, den Haushalt bewältigen und unseren Alltag organisieren. Nicht zu vergessen der riesige Bereich unserer Berufstätigkeit mit immer neuen Herausforderungen – und natürlich vielen Routinen. Stecken wir also in einem Teufelskreis eines ermüdenden Immer-Gleichen?

Segensreiche Sicherheit

Wiederkehrende Handlungen können durchaus auch ein Segen für uns sein. Über die vielen Handgriffe und Verrichtungen, die wir schon unzählige Male ausgeführt haben, wollen wir doch gar nicht jedes Mal neu nachdenken. Beispielsweise über die Art, wie wir die Zähne putzen oder das Frühstück zubereiten. Ebenso gibt es im beruflichen Alltag viele Tätigkeiten, bei denen wir nicht mehr zu überlegen brauchen. Auf die immer gleiche Weise erledigt, gehen sie uns leicht von der Hand – wir haben sie souverän im Griff. Das vermittelt uns Vertrautheit, Sicherheit und Stabilität. Darüber hinaus verhilft es uns zu einem festen Rhythmus und zu Konstanz. Gleichbleibende, sich wiederholende Handlungen suggerieren uns ein beständiges und ewig fortdauerndes Sein. Und das beruhigt.

Das selbst gemachte Hamsterrad

Deshalb ist es nicht verwunderlich, dass wir auch unser ganzes Privatleben unwillkürlich diesem Muster unterwerfen. Denn auch hier bevorzugen wir Verlässlichkeit und Beständigkeit und entwickeln Gewohnheiten, die wir schnell lieb gewinnen. Etwa wenn es darum geht, den Feierabend auf die immer gleiche Weise einzuläuten und uns zu entspannen.

Wir haben unsere Freizeitkleidung, unseren Sport-
abend, unseren Mädelsabend, unseren Serienabend,
unseren Wochenendsex, unser Wochenendfrüh-
stück, unseren Wochenendausflug, unser Sonntags-
essen, unseren Sonntagskrimi … Und schon ist die
sogenannte Freizeit ebenfalls in Routinen gebannt.
Dann wiederum können uns diese Gewohnheiten zusammen mit allen anderen Alltagsroutinen wie ein
Fluch vorkommen und wir fühlen uns wie in einem
Hamsterrad gefangen.

Alles läuft rund – aber führen uns Routinen nicht in einem zu engen
Kreis des Immergleichen?

Rituale bringen Freiheit und Kraft

Wozu also brauchen wir dann noch Rituale, speziell solche für jeden Tag? Wenn doch der gesamte Tag ohnehin schon verplant und auf ewig wiederkehrend festgelegt zu sein scheint? Ein Ritual ist doch ebenfalls etwas Wiederkehrendes.

Dazu müssen wir zu unserem Rätsel zurückkehren. Die Antwort auf die Frage »Was ist fertig und wird doch jeden Tag gemacht?« lautet: »Das Bett.« Einmal hergestellt und an seinem Platz aufgebaut, wird es regelmäßig mit frischer Bettwäsche bezogen und täglich aufgeschüttelt, zurechtgezupft und glatt gestrichen. Das scheint langweilige Routine zu sein. Wir erledigen das, weil man es eben so macht, und auch, damit es ordentlicher aussieht. Aber im Grunde machen wir unser Bett auch für unser eigenes Wohlbefinden. Denn dann können wir uns abends in ein schönes, faltenfreies Bett kuscheln und es uns darin so richtig bequem machen. Das ist der entscheidende Punkt: Sobald Sie in der alltäglichen Routine den tieferen Nutzen für sich erkennen, ist sie nicht länger eine lästige Pflicht, sondern wird zu einer Erfüllung, aus der Sie Kraft schöpfen können. Keine Spur mehr von Trott im Hamsterrad: Durch bewusstes Ausführen eines Rituals kommen Sie zu einer intensiveren und achtsameren Wahrnehmung. Die besondere Struktur und die speziellen, sorgfältig gewählten

Inhalte eines Rituals verhelfen Ihnen zu mehr Zentriertheit und Klarheit und lassen Sie Ihren inneren Ruhepunkt erreichen. Zur Stabilität einer bewährten Routine liefert Ihnen ein Ritual ein deutliches Mehr an Kraft und Energie.

Um bei unserem Beispiel zu bleiben: Wenn Sie sich bewusst gemacht haben, worum es bei Ihrem frisch gemachten Bett im Grunde geht, dann konzentrieren Sie sich automatisch darauf, um möglichst intensiv davon zu profitieren. Mit dem Betten machen beseitigen Sie nicht nur lästige Falten in der Wäsche, sondern auch alles andere Störende der vergangenen Nacht, Ihre Unruhe und alle etwaigen Grübeleien und unguten Träume. Durch das Ausschütteln und Abstreifen befreien Sie Ihre Ruhestätte von allem Vergangenen und all dem, was Sie in der kommenden Nacht nicht erneut wünschen. Als Ritual ausgeführt, schaffen Sie sich damit tagtäglich einen befreiten Raum. Damit wird die einfache Handlung, auf die Sie sich bewusst und konzentriert einlassen, für Sie zu etwas sehr Wirkungsvollem und Kraftvollem.

Ein Ritual ist somit also keine zusätzliche Belastung, sondern ein hilfreiches Werkzeug für eine intensivierende Umwandlung Ihres tagtäglichen Tuns.

KRAFT AUS KLARHEIT UND TIEFE

Der Unterschied zwischen einer Routine und einem Ritual liegt also zuallererst in der bewussten Ausführung und in der klaren Intention, die dem Ritual seine eindeutige Zielsetzung gibt. Eine Handlung, die einfach immer wieder abgespult wird, vermittelt allein schon ein gewisses Maß an Halt und Stabilität. Sobald Ihrem Tun jedoch eine klare Absicht zugrunde liegt, sobald Sie also genau wissen, warum Sie Ihr Ritual ausführen, verstärkt sich die Wirkkraft enorm.

Mit diesem Buch steht Ihnen die wunderbare Fülle von 37 Ritualen zu unterschiedlichen Themen und Lebensbereichen zur Verfügung. Um daraus das für Sie und Ihre Bedürfnisse passende Ritual zu finden, sollten Sie Ihre Anliegen und Ihre Intention kennen. Denn das richtige Ritual ist in der Lage, alles Notwendige und Erwünschte bei Ihnen und für Sie zu bewirken. Wenn Sie beispielsweise von jemandem unvermittelt rüde beschimpft wurden, brauchen Sie ein Ritual, mit dessen Hilfe Sie sich von dieser negativen Situation befreien können. Ein Ritual, das Ihnen dabei hilft, Erlebtes intensiv wahrzunehmen und zu würdigen, wäre in dem Fall eindeutig nicht das richtige.

Die Intention klären

Die eigene Absicht zu bestimmen ist der erste Schritt in das aktive Handeln. Mit Ihrem klar definierten Vorhaben setzen Sie bereits einen inneren Prozess in Gang. Denn ein Ritual ist kein von diffusem Aberglauben beseelter Hokuspokus, mit dem Sie Macht auf Ihr Umfeld ausüben. Ihr Ritual wirkt auf Sie selbst.

Keine Sorge: Um Ihre Intention zu klären, brauchen Sie keine endlose Nabelschau durchzuführen. Meist spüren wir ziemlich präzise, was wir gerade brauchen. Dabei geht es im Kern um einige klare Basisthemen. So benötigen wir etwa im Lauf des Tages immer wieder Unterstützung, um uns zentrieren und konzentrieren zu können.

Wir benötigen mitunter Stärkung für uns und in bestimmten Situationen auch Schutz. Sind uns ungute Energien zu nahegekommen, ist es wohltuend, sich von Unerwünschtem befreien zu können. Häufig hilft uns auch einfach ein bewusstes Loslassen. Ein deutlich vollzogener Übergang von der einen zur anderen Lebenssituation ist eine wichtige Unterstützung, wenn es darum geht, klar und kraftvoll bei sich und im eigenen Leben zu sein. Und schließlich können wir unser Leben auf wunderbare Weise bereichern, wenn es uns gelingt, Positives wahrzunehmen, es zu würdigen und dadurch intensiver zu erleben.

Hilfreiche Struktur

Für ein klares Resultat sollte Ihre Absicht möglichst deutlich sein. Was soll das Ritual für Sie bewirken? Und wie wirkt es möglichst intensiv auf Sie? Dafür sorgt die klare Ritualstruktur. Sie unterstützt Sie dabei, sich in das Ritual zu versenken, und geleitet Sie am Ende wieder verlässlich hinaus.

Für den Kern Ihres Rituals helfen Ihnen gezielt ausgewählte Formulierungen, Gesten und innere Bilder, die Ihre Absicht konkretisieren und positiv bestärken. Denn wie gesagt geht es um Ihre Intensität und Ihre Wünsche.

Damit ist ein Ritual letztlich wie eine Meditation, bei der Sie sich intensiv zentrieren und sogar eine körperlich messbare Beruhigung erzielen können. Und ein Ritual ist wie ein Gebet, mit dessen Hilfe Sie sich mit den Sie umgebenden Kräften verbinden und auf die Erfüllung Ihrer Bitten hinwirken. Und es ist sogar noch mehr: Ein Ritual ist sogar eine aktiv gelebte Verbindung von beidem, denn Sie begeben sich nicht nur im Geiste in Ihre Bilder, Sie sprechen zudem Formeln und führen Bewegungen dabei aus.

So gelingt Ihnen mithilfe der klaren Struktur des Rituals eine wohltuende, meditative Versenkung, selbst unter Gegebenheiten, in denen Sie sonst vielleicht nicht so leicht zu Ihrer inneren Ruhe finden könnten.

Tiefenwirkung bis ins Unbewusste

Rituale können ganz tief in uns, in unserem Unbewussten, das Gute bewirken.

Wenn ein Sportteam einmal überragend gewonnen hat, als der Trainer einen bestimmten Pullover trug, dann trägt er vielleicht bei den folgenden Spielen denselben Pullover als Talisman, um weitere Siege heraufzubeschwören. Damit kann man sich zwar eine gewisse Sicherheit suggerieren, aber auf Gegebenheiten Einfluss nehmen lässt sich damit nicht. Mit einem gezielt ausgearbeiteten und achtsam ausgeführten Ritual hingegen wirken Sie auf sich selbst ein. Sie bestärken sich selbst. Sie setzen einen inneren Prozess in Gang. Sie stellen in sich selbst die notwendigen Weichen zu Ihrem Ziel hin ein. Dann kann sich Ihr Inneres frei darauf zubewegen.

Zurück zum Sport: Ein Ritual ist wie das Mentaltraining von Spitzensportlern. Zur Vorbereitung spielen sie in ihren Gedanken immer wieder den Wettkampf durch und erleben ihn im Geiste vorab bis zum erfolgreichen Ende. Sie programmieren sich damit innerlich auf Sieg. Und das funktioniert auch, denn auf sich selbst kann man tatsächlich Einfluss nehmen.

Über unser Handeln entscheiden überwiegend unbewusste Prozesse, man spricht dann oft von sogenannten Bauchentscheidungen. Im Unbewussten sind unsere emotionalen Erinnerungen gespeichert. Wenn

Sie tief in sich voll verborgener Zweifel und Ängste sind, wird Ihnen ein Gelingen schwerfallen. Wenn Sie innerlich an positive Erinnerungen und Empfindungen anknüpfen können und Sie sich dadurch sicher und gestärkt fühlen, fällt Ihnen alles viel leichter. Mit einem Ritual können Sie auf diese tiefe Ebene Einfluss nehmen. Dabei wirken Rituale nicht einfach nur über die gedankliche Vorwegnahme der Situation, sondern Sie selbst werden auf besondere Weise aktiv. Sie kreieren Bilder zu Ihrer Unterstützung, doch geben diese Bilder nicht einfach die gewünschte, reale Situation wieder. Sie basieren auf überlieferten Symbolen, die kulturübergreifend die Sprache unseres Unbewussten sind. Und Sie werden aktiv, indem Sie bewusst gewählte Sätze sprechen und bestimmte Bewegungen und spezielle Gesten ausführen. Ihr Unbewusstes, das über verschiedene Sinneskanäle eine bestimmte Botschaft aufnimmt, kann damit zu den gewünschten Impulsen angeregt werden. So wirkt Ihr Ritual ganz tief in Sie hinein und von ganz tief in Ihrem Inneren heraus – zu Ihrem Wohl.

GEZIELTER EINSATZ AUF DREI EBENEN

Sie haben bestimmt schon Rituale erlebt, etwa eine kirchliche Messe, eine feierliche Hochzeit oder Taufe, eine Trauerfeier. Dabei haben Sie Lieder gehört, die gesungen, Glocken und Glöckchen, die geläutet wurden. Sie haben Räucherwerk gerochen, vielleicht Kerzen berührt, Wasser, Erde. All das verstärkt neben der Symbolik die Kraft des Rituals, das durch verschiedene Sinneskanäle auf Sie einwirken kann.

Bei den Ritualen in diesem Buch haben Sie es an Zubehör vielleicht einmal mit einer Kerze oder kleinen Steinen zu tun. Auch ohne viele Utensilien können Sie sich durch diese Rituale ganz intensiv in Ihre Konzentration und Ihr Erleben führen lassen. Sie können diese Rituale in alltäglichen Situationen also ganz einfach und diskret ausführen.

Die Aktivierung mehrerer Ebenen ist hilfreich für die Tiefenwirkung des Rituals und erleichtert es Ihnen, sich auch in unruhigen Situationen auf das Wesentliche zu konzentrieren. Falls Sie jemals versucht haben, sich inmitten einer von Geräuschen und Geplapper erfüllten Umgebung in eine stille Meditation zu versenken, wissen Sie, welche Herausforderung das ist. Deshalb ist es hilfreich, wenn Sie die drei großen Ebenen Körper, Sprache und Geist in Ihre Tätigkeiten einbinden. Wie oft kommt es vor, dass wir etwas tun oder sagen und dabei an etwas ganz anderes denken. Achten Sie deshalb darauf, alle drei Ebenen auf dasselbe Thema zu fokussieren. Sie sind dann vollständig auf Ihr Anliegen ausgerichtet und widmen sich ihm mit ganzer Konzentration. Dann kann eine Veränderung in Ihnen wirklich stattfinden.

Die Rituale in diesem Buch sind so ausführlich beschrieben, dass Sie sie direkt ausführen können, und es sind stets alle drei Ebenen einbezogen. Vielleicht möchten Sie jedoch die Rituale für sich abwandeln oder sich sogar selbst neue, eigene Rituale kreieren. Deswegen beschreibe ich im Folgenden, worauf es dabei ankommt.

Die Wirkung kraftvoller Gesten

Mithilfe von Gesten arbeiten Sie mit Ihrem Körper, Sie tun etwas und agieren damit auf der Ebene des unmittelbaren Erlebens. Über dieses Erleben sind Sie verbunden mit Ihren ureigenen Emotionen. Worte können zwar zu Herzen gehen, das Erleben und Tun aber bringt Sie in die wirklich emotionale Verbindung. Allerdings gehen Sie dabei nicht mit konkreten Objekten um, sondern Sie führen symbolische Gesten aus und agieren auf einer nach außen nicht sichtbaren Ebene. Mit anderen Worten: Sie arbeiten mit Energien. Deshalb sind bei allen rituellen Handlungen die Energiekanäle und -tore so wichtig.

Sie haben bestimmt selbst schon erfahren, dass Sie über Ihre Augen intensive Verbindungen aufbauen können. Sie können damit nicht nur Energie an andere senden, sondern auch Ihrer Absicht eine eindeutige Richtung geben.

Die Wirbelsäule ist ein weiterer wichtiger Energiekanal. Lümmeln wir auf dem Sofa herum, kann sich auch keine Kraft und Energie sammeln und verteilen. Eine Aufrichtung hilft, die innere Sammlung zu erhöhen.

Ihre Hände schließlich sind ein absolutes Universalwerkzeug. Sie können damit geben, nehmen, festhalten und loslassen. Überdies sind sie auch Ihr wichtigstes Energietor. Mit ihnen segnen nicht nur höchste spirituelle Meister, auch Sie haben sicher schon einmal die Kraft eines tröstenden Streichelns oder liebevollen Berührens erleben dürfen. In der Mitte der Handflächen befindet sich gemäß der Akupunkturlehre der sogenannte Lao-Gong-Punkt, das »Menschentor«. Es ist das Haupttor, über das Sie Energie aufnehmen und abgeben können. Zum Aufnehmen halten Sie Ihre Handflächen am besten wie Schalen gewölbt nach oben. Wenn Sie dabei Ihre Hände anheben, können Sie auch die Energie anheben. Zum Energieabsenken drehen Sie Ihre Handflächen nach unten und senken Sie Ihre Hände ab.

Mit nach außen gewandten Handflächen können Sie Einflüsse abblocken. Sind Ihre Handflächen nach innen gerichtet, bilden Sie nach außen eine Barriere und bauen nach innen einen Schutzraum auf.

Alles Gute, was Sie mit Ihrem Ritual kreiert haben, können Sie mit Ihren Händen zu sich heranholen und integrieren. Holen Sie es einfach wie imaginierte lichte Regenbogenwolken zu sich. Mit diesem Bild können Sie generell arbeiten, bis Sie die Energien verlässlich wahrnehmen können.

Der Effekt sorgfältiger Formulierungen

Mit Formulierungen arbeiten Sie auf der Ebene der Sprache. Ich möchte Ihnen herzlich raten: Sprechen Sie Ihre Wortformeln unbedingt aus, und sei es nur ganz leise. Sie bringen damit Ihr Anliegen wirklich zum Ausdruck, tragen es in die Welt hinaus als Schallwellen und somit als Energie, die eine Resonanz und Wirkung auslösen kann. Außerdem können Sie dann Ihre eigene Absicht hören und über diesen Sinneskanal zusätzlich auf Ihr Unbewusstes einwirken.

Was die richtigen Formulierungen angeht, gibt es drei Regeln:

- Ihre Absicht sollte positiv formuliert sein, denn nur dann kann sie einen konstruktiven Impuls geben.

Wer konkrete Wünsche aussendet, kann mit wirksamer Unterstützung rechnen.

Wenn Sie lediglich benennen, was nicht geschehen möge, ergibt sich daraus keine klare Ausrichtung, sondern Stagnation.

- Ihre Absicht sollte auf die Gegenwart bezogen formuliert sein. Sie üben in einer ganz konkreten Situation Ihr Ritual aus, weil Sie in diesem Moment Unterstützung wünschen. Also wünschen Sie auch in diesem Moment die positive Bestärkung für sich.
- Ihre Absicht sollte auf Sie selbst bezogen formuliert sein. Mit Ihrem Ritual wirken Sie auf sich selbst ein. Durch Ihr Ritual ändert sich Ihre innere Stärke und Balance und dadurch wiederum Ihre Wahrnehmung und Ihr Verhalten. Da letztlich alles

miteinander verbunden ist, wir also aufeinander reagieren, wird Ihre positive Veränderung auch Ihr Umfeld modifizieren.

Kurz gesagt: Gebrauchen Sie keine schwammige Formulierung wie:»Ich hätte bitte gern, dass die anderen mich irgendwann nicht mehr als schwach ansehen.« Sagen Sie:»Ich bin jetzt stark!« Das ist klar und eindeutig, knapp und präzise. Damit können Sie den gewünschten Impuls in sich auslösen.

Der Einfluss passender Bilder

Sie wissen sicher, dass all Ihr Handeln und Reden wenig hilft, wenn Sie währenddessen in Gedanken Ihre Einkaufsliste durchgehen. Sie sind nur dann ganz bei der Sache, wenn Sie auch Ihren Geist vollständig mit einbeziehen können. Zunächst ist immer der Gedanke da und gibt die Impulse für alles Geschehen. Wenn also die Gedanken in völlig anderer Richtung unterwegs sind, lösen Sie widersprüchliche Impulse aus. Damit schwächen Sie die Wirkung Ihres Rituals oder verhindern sie sogar völlig, denn ohne vollständige Konzentration wird Ihnen die wohltuende und wirkkräftige Versenkung in Ihr Ritual kaum gelingen.
Mit Formulierungen arbeiten Sie bereits. Die Ebene Ihres Geistes können Sie gut über das Erschaffen

von passenden Bildern mit einbeziehen. Mit den Bildern schaffen Sie im Geiste Situationen und Szenerien, die Ihre Absicht unterstützen und die notwendigen Impulse initiieren und verstärken. Wenn Sie sich beispielsweise mit Ihrem Ritual aus einer misslichen Lage helfen möchten, unterstützt Sie der Einsatz positiver Bilder dabei, sich aus einer Negativ-Spirale zu befreien und Ihre innere Ausrichtung hin zum Förderlichen zu korrigieren.

Alle Rituale in diesem Buch sind so formuliert, dass Sie sich davon in ein passendes Bild tragen lassen können. In manchen Fällen, wenn es für das Gelingen des Rituals auf Ihre ganz persönlichen Lebensumstände ankommt, werden Ihnen Anregungen zum Erschaffen eigener passender Bilder angeboten. Bilder für Ihr Ritual sollten immer von positiven, Ihnen angenehmen Motiven erfüllt sein. Alles für Sie Ungute, das Sie loslassen möchten, können Sie sich als dunkel und dicht imaginieren. Alles Positive hingegen sollte in hellen, freundlichen Farben gehalten sein. Gestalten Sie Ihre Bilder so, dass Sie sich gern darin aufhalten. Dann bleiben Sie auch verlässlich in der Wirkung Ihres Bildes und damit in der Kraft Ihres Rituals. Das gilt für den inhaltlichen Kern Ihres Rituals ebenso wie für die gleichbleibende rituelle Rahmenhandlung.

KLARER RAHMEN – STARKE WIRKUNG

Ein Ritual ist wie eine Routine, etwas Wiederkehrendes. Schon allein deshalb kann es uns Halt, Stabilität und Sicherheit geben. Wenn beispielsweise an Weihnachten die überlieferten Familienrituale auf die immer gleiche Weise ablaufen, wenn das Glöckchen läutet oder eine bestimmte Musik gespielt wird, wissen alle: Jetzt ist Bescherung. Der Ablauf ist fest in allen Beteiligten verankert und löst in ihnen eine bestimmte Stimmung aus. Alle lassen sich ein auf den Weihnachtszauber und verbinden sich miteinander und mit der besonders aufgeladenen Energie. Neben der energetischen Anbindung liegt ein Teil der Wirkkraft von Ritualen einfach in der Konditionierung, die sie bei uns bewirken. Durch die Wiederholungen verhelfen sie uns zu einer inneren Grundbereitschaft und damit zu konzentriertem und intensivem Tun.

Der Rahmen gibt Halt

Auch wenn der Kern von Ritualen inhaltlich von Ihrer Intention abhängt und ganz unterschiedliche Ziele haben kann, hilft Ihnen eine gleichbleibende

Rahmenhandlung, für sich einen geschützten und zentrierten Raum zu schaffen. Wie etwa der Rahmen eines Bildes das kostbare Bild schützt, ihm Stabilität und Halt gibt, sodass wir es nach Belieben überall aufstellen oder aufhängen können, so garantiert uns eine rituelle Rahmenhandlung eine sichere Umsetzung des Rituals. Denn ein gut gewählter und ausgeführter Rahmen verstärkt und unterstützt auch den Inhalt. Er lenkt uns auf den Inhalt hin und fördert unsere Konzentration darauf. Ein gleichbleibender Rahmen erleichtert und intensiviert Ihre Zentrierung und Ihre Anbindung an die wirkenden Einflüsse und Kräfte. Er fördert den Wirk-Raum eines Rituals.

Der Rahmen ist die äußere Begrenzung und die Übergangshandlung des Rituals. Er schafft den Raum dafür. Mit der Rahmenhandlung bauen Sie zu Beginn die nötige Energie für das Ritual auf und stimmen sich ein. Am Ende bauen Sie damit die Energie wieder ab und kehren mit seiner Hilfe wieder zurück in Ihre Alltagswelt.

Die Gestaltung des Rahmens

Mit dem Aufbau des Rahmens errichten Sie Ihren Ritualkreis, Ihren geschützten rituellen Raum, und sammeln und konzentrieren sich darin. Innerhalb Ihres Ritualraums gibt es dann nur Sie und Ihr Anliegen und Tun. Alles andere, alle Unruhe, alle Störungen und Ablenkungen bleiben draußen und damit fern von Ihnen. Sie schaffen sich so in kürzester Zeit Ihren intensiven Raum der besonderen Wirkung und Kraft für sich.

Um die nötige Sammlung und Energie für Ihr Ritual zu erhalten, bauen Sie eine Verbindung zu den Energien und Kräften um Sie herum auf. Das hat den Vorteil, dass Sie sich nicht ganz so allein bei Ihrem Handeln fühlen. Sie können außerdem gelassener bleiben, da Sie wissen, dass Sie nicht alle Energie und Kraft für Ihr Ritual ganz aus sich allein heraus zur Verfügung stellen müssen. Wir hatten ja bereits definiert, dass ein Ritual ein aktiv gelebtes Gebet ist. Sie haben mit Ihrem Ritual ein Anliegen und wünschen dafür Unterstützung. Sie laden also zunächst Unterstützung zu sich ein. Im Zusammenhang mit Ihrer Anrufung der hilfreichen Energien benennen Sie am besten auch gleich den Grund für das Ritual, also Ihr Anliegen. Das stimmt Sie darauf ein und hilft Ihnen, sich zu konzentrieren. Wenn Sie beispielsweise etwas für Ihren Schutz tun möchten, sagen Sie, dass Sie um Schutz bitten, Schutz für sich wünschen. Beim präzisen Benennen können Sie sich an der Thematik der einzelnen Rituale orientieren oder im einfachsten Fall den Namen des Rituals übernehmen.

Auf das rituelle Erschaffen des Rahmens folgt das eigentliche Ritual. Zum Abschluss führen Sie alle

Handlungen des Anfangs wieder in umgekehrter Reihenfolge durch. Sie öffnen Ihren geschützten Ritualkreis, Sie danken den eingeladenen Energien und entlassen sie damit, geben sie wieder frei. Am Ende betreten Sie wieder ganz bewusst Ihre Alltagswelt. Ein solch klarer Abschluss ist wichtig und notwendig. Wenn Sie auf einen Berggipfel geklettert sind, müssen und wollen Sie am Ende ja auch wieder herunterkommen. So ist Ihr Ritual eine erholsame und stärkende Reise mit einem Returnticket, das Sie sicher, vollständig und wohlbehalten wieder zurückkehren lässt.

Die Rahmenhandlung

Nach dieser allgemeinen Beschreibung und Erklärung einer Rahmenhandlung, ihrem Sinn und dem Nutzen für Sie möchte ich Ihnen im nächsten Abschnitt eine konkrete Rahmenhandlung vorstellen. Vielleicht wirkte das Bisherige für Sie komplex und umfangreich, es macht bei Ritualen aber auch einen großen und wichtigen Teil aus. Da es in diesem Buch aber um kleine, diskrete und unkompliziert durchführbare Rituale für Ihren Alltag geht, finden Sie im Folgenden eine entsprechende Rahmenhandlung. Keine Sorge: Da Sie die Rahmenhandlung bei jedem Ritual wiederholen, werden Sie sie ganz schnell verinnerlicht haben. Dann werden Sie für den einleitenden Aufbau Ihres Rahmens und für den Abschluss nur jeweils maximal 15 Sekunden brauchen.

Den Rahmen erschaffen

Beginnen Sie Ihr Ritual am besten damit, dass Sie Ihren Raum der alltäglichen Strukturen verlassen und in Ihren Bereich der Emotion und Intuition eintreten. Dazu verlagern Sie im Stehen (oder auch im Sitzen) Ihr Gewicht auf das rechte Bein. Das dadurch frei gewordene linke Bein heben Sie bewusst an und setzen Ihren linken Fuß in einem etwa schulterbreiten Abstand zum rechten Fuß wieder auf. Mit dieser Bewegung Ihres linken Beins sprechen Sie Ihre rechte Gehirnhälfte an und aktivieren sie. Die linke Gehirnhälfte beherbergt unseren logischen und systematischen Verstand, die rechte Gehirnhälfte ist der Bereich der Bilder, des Empfindungsvermögens und des gefühlten Eins-Seins mit dem Universum. Diesen Bereich also aktivieren Sie mit Ihrem kleinen, aber bedachtsamen Schritt nach links. Sie treten damit in diesen Bereich ein.

Jetzt sind Sie bereit, unterstützende Energien zu sich einzuladen. Sie stehen auf der Erde und haben über sich den Himmel. In dem Raum dazwischen findet Ihr gesamtes Leben statt, mit allen Einflüssen auf Sie.

Deshalb ist es das Naheliegendste, von dort Unterstützung einzuladen. Dazu heben Sie Ihre Unterarme zu beiden Seiten an. Ihre waagerecht gehaltenen Handflächen weisen dabei nach unten zum Boden (Bild unten). Während des Anhebens sagen Sie: »Ich begrüße

**Alles Gute der Erde
einladen**

Alles Gute des
Himmels begrüßen

alles Gute der Erde …« Dann wenden Sie Ihre Handflächen nach oben in Richtung Himmel (Bild oben)
und führen beide Hände vor sich zusammen. Sagen
Sie dabei: »… und des Himmels …« Während dieser
Bewegungen sollten Sie auf Ihren Handflächen spü-

ren, dass all das Gute zu Ihrer Unterstützung zu Ihnen strömt. Nehmen Sie über Ihre Handflächen Kontakt auf mit Erde und Himmel. Fühlen Sie sich über die-

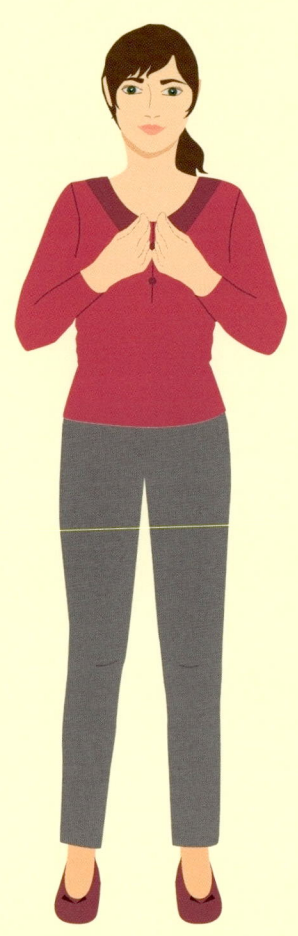

Den Kreis schließen und die gesammelten Kräfte ausrichten

se Energietore eingebunden und unterstützt von Erde und Himmel. Dies empfinden zu können wird anfangs etwas mehr Konzentration erfordern und länger dauern. Nach wiederholter Ausführung wird es sich leicht und selbstverständlich einstellen und Sie werden mit großer Gefühlsintensität belohnt.

Wenn Ihre Handflächen vor Ihrem Körper zusammengekommen sind, krümmen Sie locker die Finger beider Hände, bis sich die Spitzen von Daumen, Zeigefinger und Ringfinger leicht berühren. Ihre Ihre Handflächen zeigen leicht in Richtung zu Ihrem Herzen (Bild links und Detail rechts). Sagen Sie dabei: »… in meinem Kreis.« Denn mit dieser Bewegung haben Sie Ihren Kreis geschlossen. Ihre Handrücken weisen schützend nach außen. Ihre Handflächen, die zuvor alles Gute der Erde und des Himmels

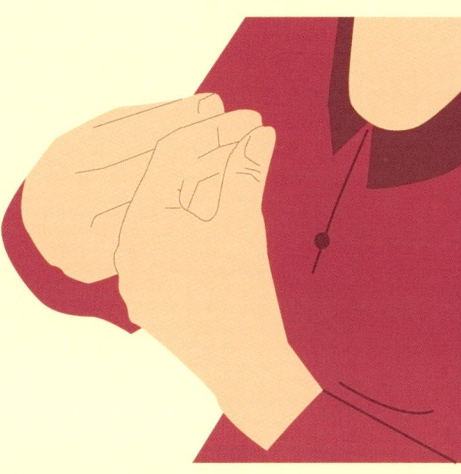

Bündeln Sie die Energie und stärken Sie Ihr Herz.

aufgenommen haben, sind nun auf Ihr Herz ausgerichtet. Durch die Berührung der Finger bleiben Sie in Ihrer eigenen Wahrnehmung und damit konzentriert bei sich. Die gekrümmten Finger bauen Spannung in der Mitte Ihrer Handinnenflächen auf. Dieser energiereichste Ort Ihrer Hände wird dadurch angeregt und kann Ihnen verstärkt Energie zuführen. Ihr Herz und damit Sie und Ihr Tun werden während des nun folgenden Rituals bestärkt und genährt. Deshalb können Sie jetzt beruhigt, erwartungsvoll und konzentriert zugleich Ihre Absicht aussprechen. Sagen Sie: »Und ich bitte um …«

So vorbereitet und gestärkt kann nun der Kernteil Ihres Rituals zu Ihrem Thema beginnen.

Das Ritual abschließen

Wie bereits erwähnt gehen Sie umgekehrt vor, um Ihr Ritual zu einem gelungenen Abschluss zu bringen. Nehmen Sie zum Ende des Rituals erneut Ihre Grundposition ein. Sie stellen sich wie anfangs mit schulterbreit gesetzten Füßen hin und schließen wieder Ihren Arm- und Händekreis. Mit den Worten »Ich öffne meinen Kreis« trennen Sie die Hände voneinander und strecken die Finger. Hände und Unterarme bilden eine waagerechte Linie, dann gehen Ihre Arme und Hände, deren Handflächen zum Himmel zeigen, auseinander. Sagen Sie dabei: »Ich danke allem Guten des Himmels …« An den Seiten angekommen, drehen Sie Ihre Handflächen nach unten in Richtung Erde und senken Handflächen und Unterarme ab mit den Worten: »… und der Erde.« Mit dieser Dankesformel bekräftigen Sie die Wirkung des Rituals. Sie wenden sich abschließend erneut an die eingeladenen Kräfte und geben sie wieder frei. Es ist gut, wenn Sie sich dabei darauf fokussieren, in Ihren Händen ein Empfinden des Lösens und Gebens zu verspüren. Verlagern Sie anschließend Ihr Gewicht eindeutig auf Ihr rechtes Bein, achtsam und mit dem Wissen darum, dass Sie sich damit wieder auf Ihre linke, Ihre logisch analytische Hirnhälfte konzentrieren. Ihr dadurch frei bewegliches linkes Bein lassen Sie wieder zum rechten Fuß zurückkehren. So kehren Sie in Ihre Ausgangsposition und damit auch wieder in Ihre Alltagswirklichkeit zurück. Nun können Sie wieder einen ersten Schritt nach vorn in Ihr Leben gehen. Setzen Sie diesen ersten Schritt am besten leicht nach rechts vorne. Links von Ihnen befindet sich das Vergangene, wie auch beim Schreiben das bereits Geschriebene. Rechts vor Ihnen liegt Ihre Zukunft und all das, was sich noch ereignen wird. Dorthin wenden Sie sich, unterstützt von den Worten: »Ich trete beschenkt und gestärkt in mein Leben.« Oder: »Beschenkt, gestärkt und geschützt gehe ich meinen Weg.« Denn das können Sie nun auch.

RITUALE FÜR KRAFT BEI DER ARBEIT

Die Anforderungen bei der Arbeit sind groß. Sie verlangen von uns volle Konzentration und die ganze Kraft. Vielerlei Aufgaben drängen auf uns ein und müssen möglichst schnell erledigt werden. Die Ergebnisse wollen überzeugend präsentiert werden vor Kunden, Vorgesetzten und Kollegen. Im Miteinander gilt es, bei größtmöglicher Harmonie den eigenen Platz zu behaupten. Bei all dem sind wir stets am besten, wenn es uns gelingt, bei uns und in unserer Mitte zu sein und aus unserem Zentrum heraus zu agieren. Dabei können stärkende Gedanken und die Konzentration fördernde Rituale eine große Hilfe sein.

Sie finden in diesem Kapitel Rituale, die Ihnen einen kraftvollen und konzentrierten Start in Ihren Arbeitstag ermöglichen. Positiv aufgeladen und fokussiert, können Sie dann belebt mit Ihrer Arbeit beginnen. Weitere Rituale versetzen Sie in die Lage, sich während des Arbeitstags innerlich zu stärken, zu schützen und sich auch mal von Belastendem zu befreien. Sie können damit, wann immer Sie es brauchen, Ihre Energien konzentrieren und zielgerichtet für sich einsetzen.

Das geschützte Heim

Beim Abschließen von Türen haben viele Menschen ihre Routinen, manche haben sogar regelrechte Ticks entwickelt. Da wird im bestimmten Rhythmus der Schlüssel gedreht, wiederholt an der Türklinke gerüttelt und gegen die Tür gedrückt. Mancher geht sogar noch einmal zurück, um sich zu vergewissern, dass die Tür wirklich abgeschlossen ist. Der Wunsch nach Sicherheit ist berechtigterweise groß, und entsprechend groß sind auch die damit verbundenen Ängste, die sich in solchen Verhaltensroutinen äußern. Da bietet sich eine Veränderung an. Verwandeln Sie doch eine unbewusste Routine, bei der Sie sogleich wieder unsicher sind, ob sie ordnungsgemäß durchlaufen wurde, in ein bewusst ausgeführtes Ritual. Dann erinnern Sie sich garantiert, dass Sie abgeschlossen haben, und Sie können Ihre Absicht nach Schutz und Sicherheit noch verstärken. Führen Sie das Abschließen als reflektiertes, konzentriertes Ritual durch. Eine Handlung erfolgt dabei ohnehin schon. Bestärken Sie den Aufbau Ihres Schutzes mit der Vorstellung von einer starken Kette, die sich sichernd um Ihr Heim windet, oder mit einer undurchdringlichen Dornenhecke, die wehrhaft emporwächst, oder einfach mit einem Lichtschild. Mit einer passenden Geste können Sie Ihr visualisiertes Bild steigern. Ihre Vorstellung der wachsenden Dornenhecke etwa können Sie durch das Anheben Ihrer Arme intensivieren. Unterstützen Sie Ihr Ritual noch mit den gezielten Wortformeln: »Mein Heim ist geschützt« und »Ich bin in Sicherheit.« Sie werden deutlich beruhigter Ihrem Heim den Rücken zuwenden und sich konzentrierter Ihrem Tagwerk widmen können.

Entdeckertour

Haben Sie schon einmal versucht, sich auf Ihrem üblichen Arbeitsweg wie im Urlaub zu fühlen? Wagen Sie das Experiment und betrachten Sie Ihren täglichen Weg zur Arbeit mit ganz überraschten Augen, als würden Sie alles zum ersten Mal sehen. Erinnern Sie sich an Ihr begeistertes Staunen in einer fremden Stadt, an einem Urlaubsort. Da erscheinen plötzlich Dinge besonders und inspirierend, die Sie zu Hause nie beachten würden. Versuchen Sie, diese neugierige Offenheit in sich wiederzuerwecken. Probieren Sie es einmal pro Woche aus, ändern Sie dazu vielleicht Ihren üblichen Weg minimal. »Ich genieße jetzt alles Besondere auf meinem Weg« und »Ich bin täglich reich beschenkt« sind die Formeln, mit denen Sie Ihre Entdeckertour einleiten können. Imaginieren Sie vor sich eine Grenzlinie zu einem neuen, unentdeckten, wunderschönen Land. Gehen Sie einen ausdrücklichen ersten Schritt dort hinein und schalten Sie damit bewusst auf positiven Empfang. Es müssen nicht immer strahlend weiße und mit Palmen bewachsene Sandstrände sein, damit uns das Herz aufgeht. Nicht nur Kulturdenkmäler verdienen unsere Aufmerksamkeit. Alles, was Sie positiv überraschen kann und im Inneren berührt, kann Sie auch nähren. Das kann eine Katze auf einem Fensterbrett sein, ein besonderes Licht in einem Baumwipfel oder einfach nur eine Löwenzahnblüte auf dem Gehweg. Sie werden staunen, wie viel Neues und Schönes Sie mitten im Gewohnten entdecken können.

Mein aktiver Start

Wie beginnen Sie Ihren Arbeitstag? Womit starten Sie, wenn Sie an Ihrem Arbeitsplatz angelangt sind? Viele schalten zunächst ihren Computer an. Das vermittelt bereits eine Grundaktivität. Straßenarbeiter scheinen auch immer die lautesten Maschinen als erstes einzuschalten, gerade als wollten sie den noch untätigen Menschen verdeutlichen, dass sie schon arbeiten. Das alles demonstriert Geschäftigkeit. Wäre es nicht schön, wenn Sie ein Startritual hätten, das den Inhalt und den für Sie relevanten Sinn Ihrer Arbeit ausdrückt und Sie damit in Ihrem Tun bestärkt? Mit einer symbolischen Geste und einer passenden, motivierenden Formulierung können Sie für sich zum Ausdruck bringen, was Ihnen an Ihrer Arbeit wichtig ist. Das kann auf Ihre Tätigkeit an sich bezogen sein, auf die Aufgabe, die gerade vor Ihnen liegt, oder auf das Projekt, das Sie sich vorgenommen haben. Was stellt den Kern für Sie dar? Worum geht es Ihnen? Ist es Ihnen zum Beispiel wichtig, Strukturen und Ordnung zu schaffen, dann kreieren Sie dafür eine Formel wie: »Ich schaffe wichtige, klare Ordnung und Struktur.« Unterstreichen Sie Ihre Formel mit einer deutlichen Geste. Stellen Sie zum Beispiel mit Ihren Handkanten klare Unterteilungen dar. Bestärken Sie Ihr Tun mit einem inneren Bild von einer für Sie perfekten Ordnung, beispielsweise einem perfekt aufgeräumten Regal. Geht es Ihnen im Kern darum, zwischen Menschen zu vermitteln und Verbindungen zwischen ihnen zu schaffen, dann erfinden Sie eine Formel, ein Bild und eine passende Geste, bei der Sie etwa zu beiden Seiten ausgreifen und imaginierte Hände anderer Menschen vor sich zusammenführen. Versuchen Sie immer, den Aspekt, der Sie im Grunde bewegt, herauszufinden und zu verdeutlichen. So machen Sie sich Ihren inneren Motivator täglich aufs Neue erlebbar und bestärken damit Ihren Antrieb und sich selbst.

Die Sammlungsspirale

Sie kennen bestimmt solche Momente, in denen sich Ihr gesamtes Denken von den vielen Anforderungen, die an Sie gestellt werden, wie zersplittert anfühlt.

Folgen Sie langsam der Spiralbahn ins Zentrum, um zur Ruhe zu kommen und sich konzentrieren zu können.

Alle Gedanken sind in ständiger unruhiger Bewegung und scheinen wie in einer großen Zentrifuge weggeschleudert zu werden. Zielgerichtetes und besonnenes Arbeiten wird so meist gerade dann unmöglich, wenn Sie es am dringendsten bräuchten.

Statt sich weiter in diese Unruhe zu steigern, hilft nur eines: in die Sammlung gehen. Damit das in so einer Situation gelingen kann, nutzen Sie die Sammlungsspirale. Bewegungen im Sonnenlauf oder im sogenannten Uhrzeigersinn bauen Energie auf, und folglich wirken Bewegungen gegen den Uhrzeigersinn energieabsenkend. Dies können Sie sich auf einfache Weise zunutze machen. Folgen Sie im Geiste einer Spirale gegen den Uhrzeigersinn in ihr Zentrum. Imaginieren Sie dazu eine Spirale oder nutzen Sie die links abgebildete Spirale und verfolgen Sie die Spirallinie mit den Augen vom äußeren Rand bis ins Zentrum. Das bindet und konzentriert Ihre Aufmerksamkeit und verstärkt die Wirkung. Sie senken damit zugleich bei sich selbst ein überhöhtes Unruhelevel und gelangen bis zu Ihrem eigenen Zentrum. Unterstützen Sie dies mit der Formulierung: »Ich bin ruhig in meinem Zentrum.« Wenn Sie zur Ruhe gekommen sind, verfolgen Sie die Spirallinie wieder nach außen. Die Bewegung verläuft dabei mit dem Uhrzeigersinn, baut die gewonnene Energie der Ruhe und Konzentriertheit in Ihnen weiter auf und führt Sie nach außen in Ihr Tun. Dies können Sie unterstützen mit der Formulierung: »Ich bin konzentriert in meinem Tun.« Denn konzentriert ist man stets aus einem Mittelpunkt heraus. Und den haben Sie gerade wiedererlangt.

Sie können die Spirallinie übrigens nicht nur mit Ihren Augen verfolgen, sondern auch mit Ihrem ganzen Kopf. Das lockert zugleich Ihren Atlas, den ersten Halswirbel, und fördert die Durchblutung und damit die Funktionsfähigkeit Ihres Gehirns.

Den Regenbogen aufspannen

Sicher haben Sie auch schon die Vorstellung gehabt, dass alles, was Sie noch erledigen müssen, sich über Ihrem Kopf wie eine große, dunkle Wolke auftürmt. Diese Wolke drückt Sie nieder, benebelt Ihre Gedanken und Ihre Sinne und nimmt Ihnen die Luft zum Atmen. Das ist genau der richtige Moment für dieses Ritual.

Die Sorgendecke durchstoßen

Ihr Freiraum mit leuchtendem Schutzbogen

Sie können es im Stehen wie auch im Sitzen ausführen. Führen Sie die Handflächen von beiden
ausgestreckten Armen auf der linken Seite über Ihrem Kopf zusammen (Bild links). Dabei genügt es,
wenn die Fingerspitzen der rechten Hand den linken Handballen berühren. Bewegen Sie nun Ihren
rechten Arm nach rechts, bis Sie Ihre gestreckten
Arme in einer V-Stellung über Ihrem Kopf halten.

Damit teilen Sie die dunklen, dichten Wolken über Ihrem Kopf bereits. Senken Sie dann Ihre Arme mit nach oben gewandten Handflächen zu beiden Seiten ab. Damit schieben Sie die Wolken mit Ihren Handrücken beiseite und spannen dabei zugleich einen großen, lichten, farbigen Regenbogen über Ihrem Kopf und um Sie herum auf (Bild S. 47). Genießen Sie diese Vorstellung eines herrlichen Regenbogens, der von einer Handinnenfläche zur anderen verläuft. Er bildet einen so großen Bogen über Ihnen und um Sie herum, dass er Ihnen all den freien Raum gibt, den Sie gerade benötigen. Statt von einer dunklen, drohenden Dichte sind Sie nun von einer hellen Weite umgeben, die in allen Farben des Spektrums leuchtet. Lassen Sie sich davon nähren und schützend umhüllen. Bleiben Sie in jeder Position so lange, bis Sie wirklich sehen und fühlen, was geschieht. Die Formel »Ich genieße den Freiraum um mich herum« unterstützt die Wirkung dieses Rituals. Atmen Sie tief durch. Mit dem Absenken der Arme können Sie Ihren Regenbogen bis zum Boden um sich herum führen. So können Sie sich Ihre vollständige lichte Schutzglocke aufbauen.

Keine Sorge, von außen wird das Ritual nach einer einfachen Streckübung aussehen. Nur Ihr glückliches, befreites Lächeln kann verraten, dass da eigentlich viel mehr geschieht.

Pfeil der Absicht

Falls Sie Hilfe dabei brauchen, ein selbst gesetztes Ziel im Visier zu behalten und es zu bestärken, ist dieses Ritual ideal. Notieren Sie Ihr Ziel auf einem Blatt Papier und pinnen Sie es an die Wand. Falls Ihnen das vor Kollegen unangenehm ist, können Sie auch eine gezeichnete Zielscheibe aufhängen und Ihr Ziel darin imaginieren, oder Sie stellen sich Ihr Ziel an einem Punkt an der Wand einfach vor. Stellen Sie sich so in einigem Abstand vor die Wand, sodass Ihre rechte Körperseite zu Ihrem Ziel zeigt. Strecken Sie Ihren rechten Arm mit gestrecktem Zeige- und Mittelfinger aus und winkeln Sie Ihren linken Arm in Herzhöhe an, die übrigen Finger leicht gekrümmt. Sie nehmen also eine Haltung wie beim Bogenschießen ein und fixieren Ihr Ziel mit den Augen. Sie wissen sicher, dass man sich beim Bogenschießen vollkommen auf das Ziel konzentrieren muss. Man muss regelrecht damit verschmelzen, um es zu erreichen. Das möchten Sie ja schließlich auch. Sie zielen und verbinden sich dabei ganz mit Ihrem Ziel. In dem Moment aber, in dem Sie die linke Hand mit der imaginierten Bogensehne öffnen, öffnen Sie auch Ihre rechte Hand und halten sie mit der Handfläche nach oben ausgestreckt in Richtung Ziel. Denn letztlich wollen Sie Ihr Ziel ja nicht abschießen. Auf diese Weise können Sie Ihre ganze Energie konzentrieren und durch Ihr

Herz hindurch lenken. Sie leiten also Ihre Herzenergie über Ihre rechte, die gebende Hand hin zu Ihrem Ziel. So nähren Sie mit Ihrer gebündelten Herzenergie Ihr Ziel. Und deshalb kann auch Ihre Formel lauten: »Ich bin konzentriert auf mein Ziel.« Oder: »Ich stärke mein Ziel.«

Belebende Pause

Viele Menschen begehen Ihre Arbeitspausen mit einer schönen, heißen Tasse Kaffee oder Tee. Dabei ist nicht nur die erquickende Wirkung des Getränks wichtig, sondern die bewusste Auszeit an sich. Eine Kaffeepause ist also bereits wie ein kleines Zeremoniell. Was liegt da näher, als daraus ein wirklich kraftvolles Ritual zu gestalten? Die Wirkung kann dadurch zu einer intensiven Ruhephase und Energiespende gesteigert werden. Dazu braucht es wieder einmal nicht viel. Sie müssen die Handlung nur bewusst vollziehen und mit einer Formel für sich verstärken. Statt Ihren Kaffee nur nebenbei zu trinken, umschließen Sie die warme Tasse mit beiden Händen. Damit schaffen Sie sich Ihren Kreis, Ihren Moment der Konzentriertheit und Ruhe. Alles Reden, alle Geräusche und Ablenkungen bleiben außerhalb dieses Kreises. Da sind nur Sie und Ihr Moment der Pause und der Besinnung. Reisen Sie in Gedanken an einen ruhigen

Zeit für Muße und innere Einkehr: Pausen zelebrieren und tief Kraft schöpfen.

Lieblingsort, zu einer Blumenwiese, einer Waldlichtung oder wohin auch immer. Genießen Sie für einen Moment den wohltuenden und duftenden, warmen Dampf, der verheißungsvoll und vitalisierend wie ein Lebensodem zu Ihnen aufsteigt. Dabei können Sie zu sich sagen: »Ich werde neu belebt.« Mit diesem Bewusstsein wird Ihre Kaffeepause viel wirkungsvoller für Sie sein.

Frischer Wind

Es gibt Situationen im Arbeitsalltag, da will man nur noch eines: so schnell wie möglich das Fenster aufreißen. Das hat oft nichts damit zu tun, dass zu wenig Sauerstoff im Raum wäre. Es geschieht eher aus einem Empfinden heraus. Dieser Drang kommt auf, wenn die berühmte »dicke Luft« im Raum herrscht – nach Konflikten oder schwierigen Gesprächen. Oder wenn die Luft, die Energie im Raum und damit konkret die Arbeit stagniert. Deshalb ist Lüften stets viel mehr, als einfach nur frische Luft hereinzulassen. Die dicke Luft soll verfliegen und mit der frischen Luft soll auch ein neuer, belebender Impuls herbeikommen. Die ganze Situation soll durchgepustet und aufgefrischt werden. Ist Ihnen diese eigentliche Absicht bewusst, dann kann für Sie das Lüften auch zu einem Ritual werden und dadurch viel mehr bewirken. Wenn Sie also ab jetzt bei der Arbeit lüften, öffnen Sie das Fenster bewusst und zweckgerichtet. »Ich lasse Verbrauchtes los«, denken Sie sich und nehmen erleichtert wahr, wie die stickige, dunkle, alte Luft entweichen kann. Freuen Sie sich über die neu einströmende, helle Luft mit den Gedankenformeln: »Ich genieße die neue Frische und Leichtigkeit.« Oder: »Mit dieser frischen Luft kommt ein frischer Impuls zu mir.« Sie können Ihre Absicht gut verstärken, indem Sie die frische Luft mit beiden Händen zu sich heranholen.

Der Sofort-Schutz

Sie haben einen Termin, eine Besprechung vor sich und sind beunruhigt oder besorgt. Sie wünschen sich einen besonderen Schutz dafür. Männern bietet die Anzugmode vieles, was eine gute Rüstung ausmacht, denn leider scheint solch eine Schutzkleidung im Geschäftsleben nötig zu sein: das feste, einem Kettenhemd gleiche Jackett mit einem stabilen Kragen, der vor Nackenschlägen bewahrt. Ein Gürtel, der Halt in der Mitte gibt und den Nabel bedeckt. Und schließlich die Krawatte als Rest eines Brustpanzers, der Kehle, Herz und Solarplexus schützt. Sie können Ihren Schutzwall, Ihren Schutzschild aber auch mental aufbauen, und zwar ganz diskret und wirklich

Nehmen Sie die imaginäre Schutzhülle auf.

Die Schutzhülle vor dem Herzen schließen

nur dann, wenn Sie ihn brauchen. Winkeln Sie Ihre Unterarme zu beiden Seiten an wie bei Ihrer einleitenden Ritualrahmenhaltung. Ihre Hände sind jetzt allerdings ebenfalls angewinkelt, sodass die Handrücken nach außen weisen (Bild S. 53). Stellen Sie sich dabei vor, dass hinter Ihnen am Boden eine schützende Hülle, ein Schutzumhang oder etwas Ähnliches liegt. Mit dem Anheben der Unterarme nehmen Sie Ihren Schutzumhang auf und sind damit bereits in Ihrem Rücken und an Ihren Seiten geschützt. Nun führen Sie Ihre Hände vor Ihrer Herzgegend zusammen und vervollständigen damit Ihren Schutz (Bild links). Achten Sie darauf, dass Ihre Hände und Finger dabei wirklich kraftvoll gespannt und geschlossen sind, denn Sie wollen schließlich einen starken Schutzschirm aufbauen. Danach können Sie noch zusätzlich Ihre Hände waagerecht vor sich ausrichten. Ihre Handrücken sind dabei weiterhin nach außen gerichtet, denn Sie wollen nichts Konkretes abblocken, sondern um sich herum einen Schutz aufbauen. Bewegen Sie Ihre Hände mit kraftvoller Geste vor sich auf und ab und erweitern Sie damit Ihren Schutz über Ihren gesamten Rumpf und Kopf hinweg (Bild rechts). Die Formel »Ich bin rundherum sicher und geschützt« verstärkt Ihren Schutz. Ebenso hilft es,

Kraftvolle Gesten für einen starken Schutz

wenn Sie sich Ihre schützende Hülle bildlich vorstellen, als eine Lichthülle zum Beispiel oder als eine Rüstung. Vielleicht sehen Sie Ihren Schutz auch als stabiles und doch flexibles, lederndes Wams eines Samurai. Was immer Ihnen hilft, ist gut.

Die innere Aufrichtung

Mit dem vorangegangenen Ritual haben Sie die Möglichkeit, sich eine schützende Umhüllung vor schwierigen Gesprächen und Besprechungen aufzubauen. Häufig bedarf es aber nicht eines ausdrücklichen Schutzes, sondern eher einer Ermunterung, eben einer inneren Aufrichtung, um etwa in einer Besprechung oder Präsentation selbstbewusst und stark auftreten zu können. Auch das kann Ihnen mit einem kleinen Ritual leicht gelingen.

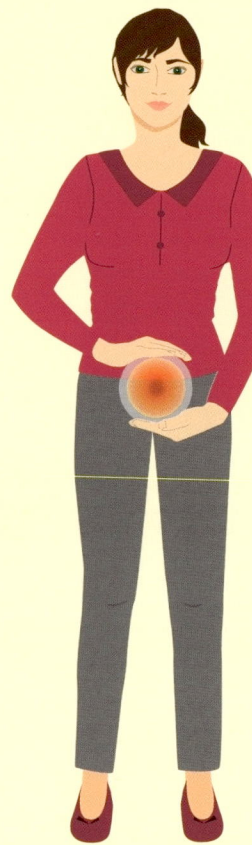

Sammeln Sie Basisenergie.

Halten Sie dazu beide Hände – die leicht gewölbten Handflächen sind einander zugekehrt – übereinander vor Ihren Körper am unteren Ende des Rumpfes (Bild links). Dort befindet sich nach der Chakra-Lehre das Basis- oder Wurzelchakra. Es ist das Energiezentrum für Ihre ursprüngliche Lebensenergie, für Ihre ureigene Lebenskraft.

Konzentrieren Sie sich auf Ihre Kraft und sammeln Sie genug davon zwischen Ihren Handschalen. Wenn Sie gut in Verbindung sind mit Ihrer Basisenergie, bewegen Sie die obere Hand bei gleicher Handhaltung Ihren Rumpf entlang aufwärts (Bild rechts). Damit richten Sie automatisch Ihren Körper auf und bewegen gleichzeitig Ihren inneren Energiepegel aufwärts. Sie füllen sich von Ihrer Basis bis zu Ihrem Scheitel mit Ihrer Lebenskraft an. Anschließend halten Sie beide Hände locker vor Ihr Gesicht, die Handrücken nach außen und die Daumen nahe an den Schläfen. Ihre Daumen sind jetzt wie Scharniere von zwei

Die Aufwärtsbewegung sorgt für Energiezuwachs.

Sich öffnen, aufrichten und in bestem Licht zeigen

Fensterläden. Klappen Sie diese Fensterläden nach außen. Ihre angewinkelten Arme bewegen sich dabei aufwärts zu beiden Körperseiten und Ihr Körper richtet sich vollends auf (Bild links). Mit dieser Bewegung öffnen Sie sich nach außen. Nun können Sie sich im besten Licht zeigen und Ihr Vorhaben perfekt präsentieren. »Ich bin voller Energie«, »Ich erstrahle in hellstem Licht« und »Ich zeige mich in meinem hellsten Licht« sind die Formeln, die Ihre Aufrichtung für Sie am besten unterstützen.

Fruchtbares Eigenlob

Was machen Sie eigentlich, wenn Ihnen bei der Arbeit etwas gelungen ist? Wahrscheinlich betrachten Sie es wie die meisten Menschen einfach als Selbstverständlichkeit und wenden sich übergangslos dem nächsten Punkt Ihrer To-do-Liste zu. Misslungenes dagegen registrieren wir überdeutlich, und wir haben auch ausreichend Ausdrücke und Gesten für Ärger und Enttäuschung. Doch für unsere Zufriedenheit fehlt uns fast immer die Ausdrucksform, wir bemerken sie meist nicht einmal. Sportler haben dagegen meist ganz klare und starke Rituale, um ihre Erfolge zu würdigen. Da wird kraftvoll die Faust geballt oder es werden triumphierend die Arme hochgerissen, um den eigenen Sieg zu feiern.

Die innere Zufriedenheit nach außen kehren, das stärkt und motiviert durch und durch.

Sicher müssen auch Sie Hindernisse überwinden und Siege erringen, sich in »Wettkämpfen« behaupten und sich durchsetzen. Warum sollten Sie also nicht auch wie ein Gewinner Ihren Sieg feiern und sich selbst für Ihre Fähigkeiten und Ihr Geschick loben? Selbst wenn wir mit Sprüchen wie »Eigenlob stinkt« zu Bescheidenheit gedrängt wurden, hilft es uns trotzdem. Loben Sie sich einfach mit einem kleinen und unauffälligen Ritual für sich und Ihr Wohl. Sie dürfen sich das wirklich erlauben. Wichtig ist, dass Sie dafür überhaupt eine Wahrnehmung und eine Form haben, ins Innehalten kommen, Ihre Leistung bemerken und sich dafür Anerkennung zollen. Sie schaffen sich damit einen soliden Punkt, von dem aus Sie sich gestärkt und kraftvoll zu Ihrer nächsten Aufgabe abstoßen können. Ihre anerkennende Wahrnehmung und eine kleine Geste zur Bewusstmachung und Verankerung Ihrer Zufriedenheit genügt als Ritual. Sagen Sie sich zum Beispiel: »Das ist mir gut gelungen. Ich bin zufrieden mit mir«, und legen Sie sich dabei eine Hand auf Ihre Schulter. Lächeln Sie sich ruhig auch anerkennend im Spiegel zu. Sehen Sie sich dabei in den prachtvollen Gewändern eines Gewinners, vielleicht sogar mit einem Siegerkranz auf dem Haupt. Das tut Ihnen zwischendurch gut. Und notieren Sie ruhig alles auf einer Liste, was Ihnen gelungen ist. Damit schaffen Sie ein Gegengewicht zu Ihrer allzeit gewichtigen und verpflichtenden To-do-Liste.

Die Arbeitsruhe

Gehören Sie auch zu denjenigen, die schwer abschalten können? Nehmen Sie Unerledigtes innerlich mit nach Hause? Da liegt es Ihnen dann erst im Magen und raubt Ihnen später den Schlaf. Sie wissen aber selbst, dass Ihnen dieses Mitschleppen nicht hilft, sondern Sie eigentlich nur schwächt und Ihnen das Gelingen Ihrer Arbeit an nächsten Tag erschwert. Was da gute Dienste leistet, ist ein klares, rituelles Ablegen Ihrer unerledigten Arbeit.

Schaffen Sie für unbearbeitete Vorgänge, die Ihnen im Weg umgehen, einfach einen Ort. Richten Sie sich eine Ablage ein, an der die Arbeit bis zum nächsten Tag ruhen kann. Diese Ablage können Sie auch entsprechend beschriften. Sie können sich auch virtuell in Ihrem Computer einen »Morgen«-Ordner einrichten. Der darf nur nicht zu einer riesigen, kaum mehr zu bewältigenden Halde verkommen. Legen Sie dort nur ab, was Sie an einem Tag nicht geschafft haben und wirklich am nächsten Tag fertig bearbeiten können. Gut ist auch, wenn Sie sich schon kurz vor Feierabend noch Ideen und Stichpunkte zu Ihren unerledigten Aufgaben notieren und mit dazu ablegen. Daran können Sie am nächsten Morgen frisch erholt anknüpfen. Aber bis dahin haben Sie Ruhe davor. Sagen Sie sich: »Das lasse ich hier und schaffe es morgen.« Dann legen Sie einen Bogen Papier darüber, auf

Weit und breit keine Arbeit in Sicht – so klappt es mit dem Loslassen und Energietanken.

dem groß und deutlich »morgen« steht. Sie decken es mit aller Deutlichkeit ab. In Gedanken können Sie alles noch zusätzlich freundlich mit einer Decke zur Ruhe betten. Drehen Sie sich anschließend bewusst davon weg mit den Worten: »Ich lasse für heute meine Arbeit hinter mir.« Dann gehen Sie, ohne sich noch einmal umzusehen. Sie gehen befreit in Ihren Feierabend, denn mit dieser Ruhe vor der Arbeit können Sie Ihre nötige Erholung bekommen und sich wieder stärken.

RITUALE ZUM ERHOLEN UND STÄRKEN

Eigentlich weiß jeder genau, wobei und wodurch es ihm am besten geht. Innere Ruhe und Ausgeglichenheit sind für die meisten dabei ganz wichtig. Doch dies herbeizuführen gelingt uns nicht immer so leicht. Kaum mögen wir uns die notwendigen Auszeiten für unsere Erholung und Stärkung zugestehen. Sie erscheinen uns als exklusiver, vielleicht auch unnötiger Luxus. Dabei sind gerade diese Momente so wichtig für unsere innere Balance und damit für unsere Gesundheit. Denn wer aus dem inneren Gleichgewicht kommt, wird leichter krank.

Sie finden deshalb in diesem Kapitel hilfreiche Lebensbegleiter, die so klein sind, dass Sie sie ohne schlechtes Gewissen nutzen können, um damit Ihre Balance zu schaffen und zu erhalten.

Sie können sich von Tagesbeginn an damit selbst nähren und wertschätzen. Sie können bewusste, klare und bejahende Übergänge schaffen und so die Belastungen Ihres Tages hinter sich lassen. Und Sie können sich innerlich reinigen und klären. Nur dadurch ist es Ihnen möglich abzuschalten und wirklich zur Ruhe zu kommen.

Liebevolles Erwachen

Wie beginnen Sie Ihren Tag? Wälzen Sie sich mürrisch aus dem Bett oder springen Sie hektisch auf? Tastet Ihre Hand als erstes zum Radio und Sie lassen sich einhüllen und davontragen von äußeren Ablenkungen? Ich möchte Sie hiermit einladen, Ihren Tag liebevoll mit sich selbst zu beginnen. Sie sind Ihr liebster Mensch, dem Sie am nächsten sind. Wie also möchten Sie mit Ihrem Liebsten umgehen? Wie möchten Sie von Ihrem Liebsten behandelt und begrüßt werden?

Sicher möchten Sie liebevoll begrüßt werden. Dann tun Sie das doch. Sagen Sie sich: »Guten Morgen, mein/e liebe/r ...«, oder: »Ich hoffe, es geht dir gut und du hast gut geschlafen.« Streichen Sie sanft Ihr Gesicht in Richtung Haare aus. Streichen Sie begrüßend über Ihren Hals und Ihre Schultern hinweg, über Ihren Brustkorb und Ihren Bauch. Bewegen Sie Ihre Füße und Beine, recken und strecken Sie sich. Stellen Sie sich dabei vor, wie neue, frische Morgenenergie durch Ihren ganzen Körper strömt und Sie überall erreicht. Das ist der Moment, in dem Sie noch einmal in aller Ruhe in Kontakt mit sich treten können. Verbinden Sie sich mit sich selbst als Ihrem besten Gefährten.

Wenn Sie sich wirklich aufmerksam wahrgenommen und gewürdigt haben, können Sie sich aus dem Bett schwingen. Setzen Sie dabei Ihre Füße bewusst auf dem Boden auf mit der Formel: »Ich beginne meinen Tag – belebt und geliebt.«

Belebter Morgen

Die meisten Menschen beginnen den Tag mit einer schönen heißen Tasse Kaffee oder Tee. Die belebende Wirkung des Getränks ist dabei ein Aspekt. Sehr wichtig ist aber auch die Routine an sich. Was liegt da näher, als aus dieser wichtigen regelmäßigen Handlung ein kraftvolles Ritual zu kreieren? Die Wirkung kann durch eine kleine Abwandlung immens gesteigert werden. Sie brauchen auch hier die Handlung nur bewusst zu vollziehen und mit einer Formel für sich zu verstärken. Statt Ihren Kaffee achtlos zu sich zu nehmen, umschließen Sie die warme Tasse mit beiden Händen. Genießen Sie für einen Moment den erweckenden, warmen Dampf, der wohltuend zu Ihnen aufsteigt. Dabei können Sie sich sagen: »Ich beginne neu belebt den Tag.« Schließlich bedeutet das chinesische Schriftzeichen für Qi wörtlich übersetzt: Dampf über der Reisschale. Und Sie wissen vielleicht, dass Qi die alles belebende Energie ist. Lassen auch Sie sich von dieser Energie beleben. Spüren Sie, wie mit dem Dampf alle Energie zu Ihnen strömt, die Sie für Ihren Tag brauchen. Unterstützen Sie dieses Gefühl mit einem inneren Bild von einem perfekten Morgen in der Natur, mit glitzernden Tautropfen und einem lichten Schleier belebend aufsteigender Morgenfeuchte. Mit diesem Bewusstsein wird Ihr Morgentrunk etwas ganz anderes, etwas viel Wirkungsvolleres für Sie sein.

Die befreite Schlafstätte

Sie ahnen es sicher schon: In diesem Ritual geht es um das Bettenmachen aus dem ersten Kapitel. Nachdem es so präzise analysiert wurde, folgt hier noch die genaue Ritualbeschreibung zum Selbermachen.
Staub sammelt sich gern in Ecken oder unter Betten, dort, wo die Luftbewegung und damit der Energiefluss stagniert. Mit dem Entfernen des Staubes beseitigen wir also auch die alte, gestaute Energie. Krankenzimmer wurden früher ausgeräuchert. Auch wir haben heute noch das Bedürfnis, nach überstandener Krankheit die getragene Kleidung und alles Bettzeug zu waschen. Dabei geht es nicht vorrangig um eine sterilisierende Hygienemaßnahme, wir wollen damit die verbrauchte und kranke Energie entfernen und damit die Krankheit hinter uns lassen. Ebenso ist es mit Ihrem Bett. Wenn Sie es täglich aufschütteln, glattstreichen und zurechtzupfen, sieht es nicht nur aus wie neu. Mit dem Aus-

Wenn alles Störende verabschiedet wurde, ist Erholung garantiert.

schütteln und Abstreifen reinigen Sie es auch ener-
getisch. Sie befreien Ihr Bett von allem Störenden
und Dunklen der vergangenen Nacht, von aller Unruhe und allen unguten Träumen. Sie schaffen sich
damit täglich aufs Neue Ihre befreite Schlafstätte.
Dazu sprechen Sie einfach vor dem Bettenmachen
Ihre Formel der Absicht aus: »Ich reinige hiermit
mein Bett von allem Vergangenen der letzten Nacht
und schaffe mir meine befreite Schlafstätte.« Dann

machen Sie Ihr Bett wie gewohnt. Stellen Sie sich dabei vor, wie Sie dunkle Energiewolken beiseitestreichen und abstreifen, wie Sie schwere, zähe Energie auflockern und wegschütteln. Machen Sie deshalb Ihr Bett am besten bei geöffnetem Fenster, damit alles Alte gleich Ihren Schlafbereich für immer verlassen kann. Lassen Sie Ihr Bett vor Ihrem inneren Auge in neuer Reinheit von Ihrer Lieblingsfarbe erhellen. Abschließend können Sie Ihr Ritual noch mit einer bekräftigenden Formel beenden: »Mein Bett ist jetzt rein und befreit.«

Glas füllen – Level anheben

Sie kennen sicher die Unterscheidung zwischen den Menschen, die ein zur Hälfte gefülltes Glas als halb leer und denen, die es als halb voll bezeichnen. Zu welcher Gruppe gehören Sie? Richten Sie Ihr Hauptaugenmerk auf den möglichen bevorstehenden Mangelzustand? Oder würdigen und genießen Sie, was Sie haben, und blicken eher optimistisch in die Zukunft?

Ganz gleich, zu welcher Gruppe Sie gehören, ein Glas – Ihr Glas – leert sich im Lauf des Tages, und zwar das Glas der Energiefülle, das Sie zur Verfügung haben. Ihr Energielevel ist sehr wahrscheinlich nicht durchweg auf gleichbleibend hohem Niveau, aber Sie können mit einem kleinen Ritual etwas dagegen unternehmen und Ihr Level wieder heben. Wählen Sie dazu zwischen zwei Varianten der Imagination.

Vor Ihnen steht in Ihrer Vorstellung ein Glas mit einer glitzernden, schillernden Flüssigkeit, Ihrem Lebenselixier. Wie voll ist Ihr Glas jetzt, in diesem Moment? Hätten Sie gern mehr davon in Ihrem Glas? Neben dem Glas steht ein Glaskrug. Er ist randvoll mit Lebenselixier. Nehmen Sie ihn und gießen Sie erwartungsvoll und freudig Ihr eigenes Glas genau so voll, wie Sie es gerade wünschen und brauchen. Sie können die Bewegung auch pantomimisch ausführen. »Ich bin voller Energie« und »Ich habe all die Kraft, die mir guttut« sind Formeln, die Sie bei Ihrem Auftanken unterstützen.

Ein anderes inneres Bild, mit dem Sie arbeiten können, ist folgendes: Sie stehen vor einer Wand mit einem großen Regler, Ihrem Energieregler. Auf einer großen, goldglänzenden Anzeige können Sie Ihren augenblicklichen Energiepegel ablesen. Ist er so hoch, wie Sie es gern hätten und bräuchten? Falls nicht, umschließen Sie den Griff des Reglers mit beiden Händen und schieben Sie den Regler hoch. Schieben Sie ihn langsam so weit hinauf, wie es Ihrem Wunsch entspricht. Sie können sich auch hierbei mit den eben genannten Formeln unterstützen. Und führen Sie auch diese Bewegung gern auch real aus. Handhaben Sie es so, wie es Ihnen am besten hilft.

Einen Schlussstrich ziehen

Wie gern würden wir manchmal einfach einen Schlussstrich ziehen und alles hinter uns lassen. Das ist eine gute Idee, die sich leicht umsetzen lässt. Mit einem Ritual können Sie genau das tun. Sie wissen doch, dass ein Ritual mit einer ausdrücklich gesetzten Absicht es vermag, die Wirklichkeit vorwegzunehmen. Und aus Kindertagen erinnern Sie sich sicher daran, dass man mit einem Stein auf einem anderen, also etwa auch auf einer steinernen Gehwegplatte, einen Strich ziehen kann. Sie könnten also, wenn Sie einen Schlussstrich brauchen, ganz einfach einen kleinen Stein auflesen und beispielsweise auf Ihrem Heimweg ein Ritual durchführen. Bleiben Sie dazu an einer ruhigen Stelle stehen, versenken Sie sich in Ihr Ritual und führen Sie konzentriert den nächsten bewussten Schritt aus mit den Worten: »Ich mache einen ausdrücklichen Schritt nach vorn.« Dann wenden Sie sich noch ein letztes Mal um und ziehen mit dem Stein Ihren Schlussstrich auf dem Weg hinter sich: »Ich ziehe einen Schlussstrich hinter mir.« Damit weiß Ihr Inneres: Sie grenzen sich ab, nun ist Schluss mit dem, was war, und das liegt jetzt alles deutlich sichtbar hinter Ihnen. Danach können Sie mit der Formel »Ich gehe befreit voran« tatsächlich erleichtert Ihren neuen, klaren und freien Weg beschreiten. Den Stein können Sie als Ihren speziellen

Grenz-zieh-Stein mit sich tragen, oder Sie werfen ihn von sich mit dem Bewusstsein, auch die allerletzte Last damit loszuwerden.

Ballast loslassen

Auch wenn es Ihnen gelungen ist, die unerledigten Aufgaben an Ihrem Arbeitsplatz zurückzulassen, tragen Sie vielleicht dennoch allerlei Ballast mit heim. Diese schwere Last besteht aus Themen, die Sie noch beschäftigen und Ihnen Kummer bereiten: Missverständnisse oder Konflikte mit Kollegen sowie Dinge, die Sie nicht zu Ihrer vollen Zufriedenheit erledigen konnten. All das rumort in unruhigen Bahnen durch Ihr Hirn und hindert Sie daran, Ihren Frieden und Ihre volle Kraft wiederzuerlangen.

Mit folgendem Ritual können Sie all das auf Ihrem Heimweg oder spätestens direkt nach Betreten Ihres Heims loslassen. Mit den Worten »Ich befreie mich von störenden Gedanken« leiten Sie Ihr Loslassen ein. Stellen Sie sich die Gedanken, die Ihren Geist nicht zur Ruhe kommen lassen, ruhig als farbige Lichtstränge vor, die Ihnen durch den Kopf gehen. Dann greifen Sie von außen an die Stelle Ihres Kopfes, an der Sie die meiste Unruhe und den stärksten Druck empfinden, und ziehen nacheinander all diese Stränge heraus. Wenn Sie das Ritual auf dem Heimweg durchführen, können Sie die unnötigen Gedankenstränge unterwegs als imaginäre Bänder in einen Busch oder über einen Gartenzaun hängen. Begleiten Sie das mit der Formel: »Ich lasse allen Ballast los.« Der Wind kann diese überflüssigen Gedanken davontragen oder der Regen mit in die Erde hinabspülen. Wenn Sie dabei lieber Ruhe haben und für sich sein möchten, ziehen Sie die Gedankenstränge am besten gleich zu Hause im Flur (siehe auch das folgende Ritual) mit einer Hand heraus. Geben Sie sie in eine bereitstehende Schale oder in Ihre zur Schale geformte andere Hand. Danach waschen Sie gründlich die Schale bzw. die Hände und lassen mit dem Waschwasser alles fortfließen. Mit der Formel »Jetzt bin ich alles los« können Sie Ihr Ritual abschließen.

Befreite Heimkehr

Die Türschwelle zu Ihrem Heim ist die Grenze zu Ihrem privaten Freiraum. Wenn Sie die Schwelle überschreiten, lassen Sie absichtsvoll alles Unliebsame zurück. Sie können dazu eine wegwerfende Bewegung nach hinten ausführen und sich vorstellen, wie hinter Ihnen alles auf dem Boden liegt.

Als Nächstes ist Ihr Flur zu Hause eine wichtige Schleuse und ein Ort, an dem Sie die Belastungen des Tages ablegen und abstreifen können. Stellen Sie Ihre

Bürotasche bewusst dort ab. So können Sie in dem neutralen Vorraum mit der Last der Tasche auch die Last eines anstrengenden Arbeitstages hinter sich lassen. Nichts zu suchen hat eine solche Arbeitslast auf dem Esstisch. Sie wollen ja nicht alles beim Essen wiederkäuen und wieder mit aufnehmen. Und ebenso wenig gehört all das in Ihren Schlafbereich, denn Ihr erholsamer Schlaf soll frei davon sein. Mit »Ich bin von aller Last befreit« stellen Sie also Ihre Tasche bewusst ab. Mit »Ich streife alles Störende von draußen ab« legen Sie Ihre Garderobe ab und damit alle ungünstigen Einflüsse und allen Stress, dem Sie im Lauf des Tages und eventuell auf Ihrem Heimweg ausgesetzt waren. Stellen Sie sich einfach vor, dass das alles in Ihrem Mantel oder Ihrer Jacke hängt und mit abgestreift wird. So können Sie wirklich befreit Ihr Zuhause betreten. Sollten Sie daheim noch etwas arbeiten müssen, können Sie später gezielt Ihre Unterlagen aus Ihrer Tasche zum häuslichen Schreibplatz tragen. Und danach auch wieder von dort zurückbringen.

Außen wie innen

Sie kennen vielleicht das hermetische Prinzip der Entsprechungen oder Analogien. Wie oben – so unten, wie unten – so oben und ebenso auch wie innen – so außen, wie außen – so innen. Das bedeutet: Wie Sie sich innerlich fühlen, so erleben Sie Ihre Außenwelt. Umgekehrt ist Ihre Außenwelt der Spiegel für Ihr Inneres, und Sie können über Ihre Außenwelt Einfluss nehmen auf Ihr inneres Empfinden. Wenn Sie sich also unruhig, nicht in Ihrer Mitte und chaotisch fühlen, wird auch Ihre persönliche Umgebung nicht gerade ein Ort von Ruhe und Klarheit sein.

Ebenso gilt: Wenn Sie sich gerade nicht klar, unruhig, zerstreut und verwirrt fühlen, können Sie sich nach dem Prinzip der Entsprechungen durch ein Ordnungsritual im Außen Ordnung in Ihrem Inneren schaffen. Sie haben sicher selbst schon erfahren, wie sehr einfache manuelle Tätigkeiten beruhigend und erdend wirken können. Ihre aufgewühlten Gedankenströme konzentrieren sich auf das eine, übersichtliche Tun, und dadurch gelingt es Ihnen, in Ihre Ruhe und in Ihre Mitte zu kommen.

Beginnen Sie in einem solchen Zustand von innerer Konfusion Ihr Ordnungs- und Reinigungsritual mit der Formel: »Ich schaffe Ordnung und Klarheit.« Suchen Sie sich eine passende Entsprechung in Ihrem Außen. Wenn Sie sich aufgewühlt und durcheinander fühlen, sortieren Sie zum Beispiel die Besteckschublade neu. Wenn Sie sich innerlich verunreinigt und verkrustet fühlen, putzen Sie den Herd. Wenn Sie sich »trüb« fühlen und nicht klar sehen, polieren Sie einen Topf oder ein anderes Gefäß, das es nötig hat. Die Tätigkeit sollte übersichtlich sein, sodass Sie sie erfolgreich abschließen können. Dabei konzentrieren Sie sich ganz auf Ihre Handlungen. Lassen Sie indessen nur den Gedanken zu, dass Sie damit stellvertretend sich selbst ordnen und klären. Mit jedem Teil, das wieder seinen Platz bekommt, mit jeder Stelle, die neu erstrahlt, strukturiert und erhellt sich auch Ihr Inneres wieder. Dementsprechend schließen Sie Ihr Ritual ab mit den Worten: »Ich bin jetzt geordnet und klar.«

Der Nährplatz

Bei meinen Feng-Shui-Beratungen wird mir immer wieder deutlich bestätigt, wie wichtig für das Wohlbefinden der Bewohner eine emotionale Bindung zu ihrem Heim ist. Natürlich, die richtigen Energien entscheiden über die wichtigen Basispunkte: Gesundheit, Erfolg, gute Beziehungen und eigene Stabilität. Doch darüber hinaus braucht jede Einrichtung ein emotionales Herzstück. Perfektion wie in einem Hochglanzmagazin schafft keinen emotional nährenden Ort. Daher rate ich Ihnen zu einem rituell gestalteten Nährplatz. Das könnte ein kleiner Tisch, ein Regal oder eine Kommode, am besten im Zentrum Ihres Heims, sein. Mit den Worten »Ich schaffe mir eine liebevolle Mitte« richten Sie ihn ein und lassen ihn weiter wachsen und sich entwickeln. Dort können Sie platzieren, was Ihnen wirklich am Herzen liegt und Sie wirklich nährt: ein Lieblingsbild, das Sie als Kind gemalt haben, Fotos von Ihren Lieben, Erinnerungsstücke von Ihren letzten schönen Ferienerlebnissen, Symbole für all das, was Sie in Ihr Leben rufen möchten. Lassen Sie diesen Ort lebendig bleiben, damit er immer für Sie die Energie von Freude, Harmonie und Stärke ausstrahlen kann.

Auch Ihr Herz ist kein verstaubter Schrein, sondern lebendig und warm und in ständiger Veränderung. Halten Sie Ihren Nährplatz so, dass Ihnen stets das Herz aufgeht, wenn Sie ihn sehen. Machen Sie ihn zum Spiegel Ihrer Glückseligkeit und Wünsche. Sie können dort immer etwas verändern, wenn sich eine Änderung bei Ihnen ergeben hat. Als regelmäßiges Ritual können Sie diesen Ort mit einer Reflexion darüber verknüpfen, was Sie gerade bewegt, was Ihnen wichtig ist und was Ihnen Freude macht. Vielleicht möchten Sie sich ja auch separate Nährplätze schaffen für Ihren Schlaf- und für Ihren Arbeitsbereich. Ganz so, wie es für Sie und Ihr Wohlergehen gut ist. Mit den Worten »Ich danke für alles Schöne in meinem Leben und lasse mich davon nähren« können Sie das Einrichten bzw. Verändern Ihres Nährplatzes abschließen.

Gesegnete Mahlzeit

Diese Formulierung kennen Sie bestimmt. Vielleicht empfinden Sie sie als etwas abgedroschen und altmodisch, aber was spricht eigentlich dagegen, eine Mahlzeit zu sich zu nehmen, die gesegnet ist, die also mit guten Wünschen und Energien aufgeladen ist? Ein kleines Ritual zu Beginn einer Mahlzeit ist auf jeden Fall nützlich. Es schafft eine Zäsur zwischen den Arbeitsangelegenheiten oder sonstigem Geschehen und Ihrer Essenspause und hilft Ihnen, sich mit Aufmerksamkeit und Bewusstheit in Ruhe auf Ihr Essen konzentrieren und es genießen zu können. Es kann Sie dabei unterstützen, alle störenden Inhalte und Gedanken während des Essens auszugrenzen. Andernfalls besteht die Gefahr, dass Sie alles Unerledigte und allen Stress auch noch mitverzehren.

Gemäß der chinesischen Medizin rühren die weit verbreiteten Herz- und Kreislaufprobleme und -erkrankungen von der riesigen, unverdaulichen Menge an Informationen und Gedanken her, denen wir ausgesetzt sind und mit denen wir uns plagen. Die Verdauung und damit auch die geistige Verdauung zählt zur Erdenergie. Ein Übermaß davon in Form von Gedanken, insbesondere von Grübeleien, schwächt die Feuerenergie, zu der Herz und Kreislauf gehören.

Ein Ritual für eine genussvolle, nahrhafte Mahlzeit frei von störenden Einflüssen können Sie schnell und diskret ausführen. Sammeln und versenken Sie sich in sich selbst vor Ihrem gefüllten Teller. Konzentrieren Sie sich auf Ihre Mahlzeit; Sie können dabei gern Ihre Hände ein wenig über Ihre Speisen halten. Mit aufliegenden Handballen gelingt dies ganz unauffällig. Lassen Sie von Ihren Handinnenflächen her belebendes Licht auf Ihre Mahlzeit einströmen. Sagen Sie dazu leise zu sich: »Dieses Mahl ist gesegnet. Ich werde davon genährt und belebt.«

Gute-Nacht-Segen

In Bezug auf das Zubettgehen fallen jedem sofort Rituale ein, die man mit Kindern vollzieht oder die aus der eigenen Kindheit noch in Erinnerung geblieben sind. Kinder fordern dieses Ritual regelrecht ein. Sie wissen noch, oder besser: Sie haben noch das deutliche Empfinden dafür, dass ihnen ein regelhaftes Ritual beim Zubettgehen die nötige Ruhe beschert, um den Tag abschließen und beenden zu können. Das liebevolle Gebettet-werden bringt den nötigen Frieden und vermittelt die unabdingbare Sicherheit, um in einen entspannten und erholsamen Schlaf sinken zu können.

Auch als Erwachsene pflegen wir vor dem Zubettgehen gleiche Handlungsabläufe, haben fest verankerte abendliche Pflegeroutinen, ziehen uns an der gleichen Stelle um, gehen auf die immer gleichbleibende Weise ins Bett. Wir wissen also schon, was wir brauchen. Doch auch das lässt sich natürlich noch verstärken. Bemühen Sie sich zunächst um einen systematisch ruhigen Ausklang des Tages mit möglichst harmonischen Eindrücken, Themen und Gesprächen. Bereiten Sie in Ruhe alles Notwendige für den nächsten Tag vor. Schließen Sie den Tag mit einem Dank ab wie: »Ich danke für alles Gute an diesem Tag.« Für einen friedvollen Tagesabschluss geeignet ist auch eine Schale mit Zetteln, auf denen Sie schöne und positive Zitate und Sinnsprüche notiert haben. Daraus können Sie am Abend einen Spruch ziehen und mit dieser positiven Aussage den Tag beschließen. Erledigen Sie Ihre Wasch- und Pflegeroutinen achtsam und mit dem Bewusstsein, dass Sie damit Ihre Nachtruhe fördern. Und dann betten Sie sich so liebevoll, wie Sie ein Kind betten würden. Legen Sie sich im Geiste in herrlich weiche, zartfarbene Wolken. So zufrieden und glücklich wie Kinder beim Nachtsegen aussehen, so können auch Sie sich fühlen. Sagen Sie zu sich selbst: »Gute Nacht, liebe/r ..., sei behütet und geschützt. Schlaf gut und träum schön.« Streicheln Sie sich ruhig liebevoll über Stirn und Wange. Legen Sie eine Hand auf Ihr Herz und eine auf Ihren Unterbauch. Das zentriert und beruhigt wunderbar und hält Ihren Gute-Nacht-Segen schön bei Ihnen.

RITUALE FÜR EIN GUTES MITEINANDER

Wir sind nicht allein auf der Welt – zum Glück. Bei der Arbeit haben wir Kollegen und Vorgesetzte und all die Menschen, für die wir unsere Arbeit machen. Wir leben mit unseren Lieben und Liebsten, die uns ganz nahestehen, und treffen im öffentlichen Raum wie auch im Privaten mit anderen Menschen zusammen. Die meisten Kontakte sind positiv und harmonisch, manche unserer Begegnungen sind weniger erfreulich.

In diesem Kapitel finden Sie Rituale, mit denen Sie wichtige Abgrenzungen vollziehen und sich von unangenehmen Einflüssen befreien können. Andere Rituale, die Sie etwa zu zweit durchführen können, wirken versöhnend und ausgleichend. Und es gibt natürlich auch Rituale, mit denen Sie das Leben im Miteinander einfach freudvoller und intensiver erleben können.

Oft nehmen wir die Menschen, die uns lieben und schätzen, gar nicht richtig wahr. Das Glück in unserem Miteinander geht deswegen leicht im Alltag unter. Kleine Rituale können Ihnen helfen, Ihren vorhandenen Reichtum wahrzunehmen und zu würdigen und dadurch zu mehren.

Der Energieabstreifer

Was machen Sie, wenn Staub, Mehl, Asche oder Ähnliches auf Ihre Kleidung gekommen ist und Sie sich verunreinigt fühlen? Ganz klar: Sie streifen die Verunreinigung ab. Genauso können Sie gegen unerwünschte Energie vorgehen. Zum Stichwort »unerwünschte Energie« fallen Ihnen sicher genügend Beispiele ein. Es ist all das, was wir abbekommen, wenn wir nicht ausreichend abgegrenzt sind. Eigentlich wäre das Sofort-Schutz-Ritual dagegen ideal, nur: Häufig treffen uns solch unerwünschte Energien, wenn wir gar nicht damit rechnen. Manchmal reichen schon Kleinigkeiten: In Ihrer Nähe wird verschwörerisch geflüstert, Sie werden abschätzig angesehen, beim Einkaufen barsch behandelt oder beim Autofahren rüde beschimpft. Schon hängt Ihnen etwas an, was sich unangenehm anfühlt, worüber Sie sich grämen oder zumindest Gedanken machen. Dagegen wirkt als Hilfsmaßnahme ein sofortiges Abstreifen. Bewegen Sie Ihre Hand mit einer raschen, energischen, wegwischenden Geste über die Stelle, an der Sie die Verunreinigung wahrnehmen. Sie können sich dabei berühren oder knapp über dem Körper entlangwischen. Streifen Sie alles in Richtung Boden ab, möglichst etwas hinter sich. Sie können abschließend noch Ihre Hand reinigend ausschütteln und so wirklich alles vielleicht noch Anhaftende abschütteln. Stellen Sie sich bei Ihrem Tun deutlich vor, wie Sie Schmutz von sich abstreifen. Die Formel »Ich bin gereinigt und frei« unterstützt Sie bei Ihrer Sofort-Reinigung.

Befreit und heil

Den Energieabstreifer nutzen Sie, wenn Sie etwas oberflächlich Anhaftendes entfernen möchten. Doch bisweilen haben Sie dieses Gefühl, dass etwas tiefer in Ihnen sitzt. Dann können Sie das folgende Ritual anwenden.

Manches unangenehme Gefühl dringt richtig in uns ein. Am Solarplexus sind die meisten Menschen am empfindsamsten und spüren einen negativen Einfluss so konkret wie eine Faust im Magen. Haben Sie nicht auch bisweilen einen giftigen Blick wie einen bohrenden Pfeil in sich gespürt? Oder Ihr Herz hat sich vor Kummer regelrecht zusammengekrampft? Da hilft kein Abstreifen, sondern Sie sollten sich entschlossen auf diese verletzte Stelle konzentrieren. Spüren Sie genau hin. Steckt da ein Giftpfeil mit seinen Widerhaken in Ihnen? Sitzt da ein klumpiger Kloß in Ihrem Magen? Dann greifen Sie beherzt danach, umschließen Sie den Fremdkörper mit Ihren Fingern. Zupfen und ziehen Sie heraus, was Ihnen Leid verursacht. Wenn es nötig ist, auch mehrfach. Und falls es sich mit einfachem Ziehen nicht herauslösen lässt, dann drehen oder rütteln Sie es heraus. Stellen Sie sich Ihr Handeln nicht einfach nur vor, sondern führen Sie es tatsächlich aus. Wichtig ist, dass Sie sich anschließend wirklich befreit fühlen und alle betroffenen Stellen wieder ganz licht und klar sind. Werfen Sie dann vehement von sich, was Sie gestört hat, und schütteln Sie gründlich Ihre Hand aus. Wenn Sie alles losgeworden sind, können Sie sich mit der Formel »Ich bin befreit« in Ihrer Erleichterung bestärken. Wenn Sie das Bedürfnis danach verspüren, streichen Sie abschließend liebevoll über Ihre befreite Stelle und am besten auch von oben bis unten an sich entlang, bis Sie überall wieder erstrahlen. Dazu sagen Sie sich: »Ich bin heil und ganz.«

Der innige Abschied

Wir sind oft versucht, beim Verabschieden noch schnell letzte organisatorische Details auszutauschen, in denen ein bewusstes Abschiednehmen untergeht. Sicher, wir gehen täglich mindestens einmal auseinander, doch könnte es auch jedes Mal das letzte Mal sein. Führen Sie für das Abschiednehmen von Ihren Lieben doch dieses wunderschöne und intensive Ritual ein. Es stärkt die Verbindung zu Ihren Lieben; Sie werden sich ihrer und Ihres Wertes bewusst. Alles Positive, das Sie in Ihrem Leben intensiver ge-

Sich bewusst und ausgiebig zu verabschieden heißt, die Verbindung zu stärken.

stalten, bereichert letztlich Sie und Ihr Leben. Erinnern Sie sich an einen Abschied von Ihren Lieben,
zum Beispiel auf einem Bahnsteig. Da werden immer
erst noch tausend hastige Dinge gesagt. Doch irgendwann, spätestens wenn die Türen zugefallen sind
und keine gewohnte Kommunikation mehr möglich
ist, schaut man sich nur noch in die Augen. Das ist so
intensiv, dass es die Wenigsten aushalten; sie fliehen
aus dieser Intimität in verschiedene Gesten, werfen

sich zum Beispiel Küsschen zu. Alles nur, um diese so innige Verbindung zu lockern.

Riskieren Sie doch diese Innigkeit für einen kurzen Moment bei jedem Ihrer Abschiede und sehen Sie einander schweigend in die Augen, in das Tor zur Seele. Lenken Sie dabei über Ihre Augen alle guten Wünsche für den Tag in den schönsten Farben zu Ihrem geliebten Gegenüber. »Ich bin in Verbindung zu dir«, könnten Sie als gedachte Formel dabei gebrauchen. Aber bitte, ohne die Verbindung zu verlieren. Lächeln Sie sich an, aber schweigen Sie am besten dabei, um diesen Moment, diese Innigkeit zu erhalten – bis zum Wiedersehen.

Vergeben und versöhnen

Es gibt Konflikte, bei denen man mit Besprechen und Analysieren einfach nicht weiterkommt. Entweder ist bereits alles gesagt, oder es lässt sich einfach nicht genau klären, was der Auslöser war und wie sich die Situation entwickelt hat. Da hilft nur eines: Vergebung. Wir tun uns damit aber häufig schwer, auch wenn wir genau wissen, dass es eigentlich die einzige Lösung ist. Eine Vergebung in einem rituellen Rahmen kann es Ihnen leichter machen, die ersehnte Erlösung umzusetzen.

Dazu ist es am besten, wenn man sich an einem Tisch einander gegenübersitzt. Auf den Tisch streuen Sie etwas, das sich leicht und rückstandslos wieder entfernen lässt, also zum Beispiel kleine Steinchen, Reis oder Linsen. Nun bekommen Sie abwechselnd die Gelegenheit zur Vergebung. Sie können dabei mit einem kurzen Satz benennen, was Sie dem anderen vergeben. Falls Sie Sorge haben, dass dabei Vergangenes wieder hochkochen könnte, sagen Sie nur: »Ich vergebe dir.« Während des Aussprechens sehen Sie Ihrem Gegenüber bitte in die Augen. Unterbrechen Sie den anderen bitte nicht und kommentieren Sie nichts. Sie können aber auch sich selbst vergeben. Mit jedem Vergeben schieben Sie ein wenig von dem Ausgestreuten beiseite. Irgendwann wird dann nichts mehr zwischen Ihnen liegen. Sie haben wieder auf allen Ebenen einen Zugang zueinander geschaffen. Nutzen Sie diesen gewonnenen Freiraum zur Begegnung. Reichen Sie einander versöhnend die Hände und genießen Sie den offenen Blickkontakt. Beenden Sie das Ritual mit einer Abschlussformel wie: »Ich bin in Frieden mit mir und dir.« Oder: »Ich bin versöhnt mit mir und dir.«

Auch wenn eine direkte Begegnung nicht möglich ist, können Sie dieses Ritual durchführen. Sie können Ihr Gegenüber durch einen Platzhalter vertreten lassen. Oder Sie lassen den Platz einfach frei. Ausschlaggebend für das Gelingen ist Ihre Intention und Ihre Bereitschaft zur Vergebung. Statt des Händegebens am Ende können Sie Ihre Hände während der Abschlussformel zunächst auf Ihr Herz legen und dann nach vorn ausstrecken. Sie werden sehen, sobald sich Ihr eigener innerer Grollknoten gelöst hat, wird sich auch das Miteinander positiv verändern.

Der Versöhnungskampf

Der Titel dieses Rituals klingt zunächst seltsam, doch Sie wissen sicher selbst: Manchmal ist nach einem Streit gesagt, was es zu sagen gab, und alles müsste wieder gut sein. Trotzdem liegt immer noch eine Spannung in der Luft und jeder grummelt weiter innerlich vor sich hin. Diese Anspannung und angestaute Energie können Sie mit einem ritualisierten Kampf abbauen und damit die Situation endgültig befrieden.

Stellen Sie sich mit Ihrem Kontrahenten auf wie zu einem klassischen Fechtkampf. Wenn Sie mit einem runden Teppich oder einer rund ausgelegten Schnur Ihren Kampfplatz genau definieren können, ist das umso besser. Sie begrüßen einander in aller sportlicher Form und nehmen die Fechtstellung ein: Ihre »Degen-Hand« verlängern Sie am ausgestreckten Arm mit Zeige- und Mittelfinger, der andere Arm wird formvollendet seitlich nach oben abgewinkelt. Dann wird gekämpft: Ausfallschritte auf den Gegner zu, schwungvoller, artistischer Einsatz der »Waffe«, strategischer Schritt zurück – aber immer, ohne einander

zu berühren. Wichtig dabei ist das kraftvolle Aussto-
ßen von Kampfschreien. Am besten rufen Sie laut-
stark: »Ha! Ha!«

Sie werden merken, früher oder später wird Ihr ganzes angestrengtes Kämpfen und Rufen in ein atemlo-
ses und dabei befreites Lachen übergehen, und das
Versöhnungswunder ist geschehen. Der Konflikt ist
in der Kraft des Lachens verpufft. Vergessen Sie abschließend nicht eine höfliche Verbeugung zur rituellen Verabschiedung.

Auf Basis der taoistischen Lehre von den fünf Wand-
lungsformen lässt sich dieses Wunder ganz leicht
erklären. Wut und Groll gehören zur Holzenergie.
Diese bringt die Feuerenergie hervor, nährt sie und
erschöpft sich darin. In dem inszenierten Kampf er-
schöpfen Sie Ihren Groll. Das kämpferische »Ha«
wird zum Lachen und zur Herzlichkeit, zu den Aus-
drucksformen der Feuerenergie.

Geben und nehmen

In diesem Ritual stehen Sie jemandem gegenüber und
beschenken sich liebevoll gegenseitig mit guten Gedanken. Damit ist das Ritual ganz einfach und ganz
schwierig zugleich, denn in dieser Einfachheit wird
eine große Nähe und Intensität geschaffen. Sie strecken beide Ihre Arme locker nach vorn aus und hal-

ten Ihre Hände übereinander mit einem kleinen Abstand dazwischen. Im Wechsel hält einer die Hände mit den Handflächen nach unten und gibt, der andere hält darunter die Handflächen nach oben gewandt und empfängt. Im Idealfall wird dabei nicht gesprochen. Denken Sie alles Gute in Form von Bildern oder angenehmen Farben oder senden Sie einfach Liebe. Würden Sie Wünsche laut aussprechen, bestünde die Gefahr, dass vielleicht der erwartete Wunsch nicht dabei ist oder etwas missverstanden wird. Einzig ein einleitendes »Ich gebe dir« genügt.

Legen Sie vorher fest, ob Sie direkt im Anschluss die Rollen tauschen möchten. Denn es tut sehr gut, einfach mal nur zu nehmen, ohne gleich etwas dafür zurückzugeben. Sie können das Geben und Nehmen auch als regelmäßiges Abendritual einführen, bei dem Sie im Wechsel an einem Abend der oder die Gebende und am nächsten Abend der bzw. die Nehmende sind.

Sehr schön kann dieses Ritual auch in größerer Runde, zum Beispiel an Weihnachten, durchgeführt werden. Es ist eine perfekte Möglichkeit, auf materielle Geschenke zu verzichten und einander dennoch etwas zu geben. Beispielsweise können sich alle Empfangenden im Halbkreis aufstellen und einer gibt reihum. Nach einer kleinen Genießerpause ist dann der Nächste der Gebende. Statt eines Auspack- und Geschenkerausches schaffen Sie so ein wirkliches Miteinander, eben ein Fest der Liebe.

Die Runde des Guten

Bei diesem Ritual handelt es sich im Prinzip um eine Rederunde, die Sie in Ihrem Familien- oder Freundeskreis durchführen können. Allerdings ist es ein Forum, in dem nur Gutes gesagt wird – und eben darin liegt die Herausforderung, denn das fällt uns oft am schwersten. Das Ritual lässt sich sehr schön vor, während oder nach einer gemeinsamen Mahlzeit ausführen, wenn ohnehin alle zusammen um den Tisch sitzen. Wenn Sie die Runde des Guten durchführen, nehmen Sie und die anderen zu dem guten Essen auch noch nährende Gedanken in sich auf. Schön ist es, wenn dabei eine Kerze auf dem Tisch steht und immer mitwandern kann. Die Kerze steht jeweils vor dem Redenden und erhellt ihn und seine Worte. So kann jeder reihum erzählen, was für ihn das Beste des Tages war, was ihn positiv berührt und angeregt hat und was ihm besonders gelungen ist. Beginnen und beenden kann jeder seine Rede mit den Worten: »Ich danke für alles Gute.« Damit bleiben alle im Austausch untereinander, in intensivem Kontakt miteinander und können sich an dem Guten laben. Dieses Ritual ist zugleich eine gute Möglichkeit zur Reflexion und es fördert unsere Achtsamkeit. Besonders stark fördert es unsere Aufmerksamkeit für das Positive im Leben und kann es so für uns intensivieren und stärken.

RITUALE FÜR BALANCE UND INNERES WACHSTUM

Das Thema dieses Kapitels klingt für Sie vielleicht nach purem Luxus, dabei ist es grundlegend wichtig. Was wären wir, wenn wir nicht tief im Inneren die Sehnsucht nach unserer Weiterentwicklung hätten. Wir würden lediglich existieren – also im Prinzip nur essen, schlafen, arbeiten, uns fortpflanzen. Doch wir haben nicht nur unseren materiellen Körper, den wir versorgen, pflegen und fit halten, und nicht nur unsere Psyche und unseren Geist, die wir stabil erhalten. Wir bestehen aus Körper, Geist und Seele.

Auch unsere Seele braucht regelmäßige Nahrung. Und auch unser Energiekörper muss aufgebaut werden. Deshalb sind diese Rituale wichtig zum Sammeln von Energie. Mit ihnen können Sie sich innerlich reinigen und klären. Sie können mehr Fülle und Halt erfahren durch die intensiv erlebte Verbindung mit all dem Guten, das um Sie herum ist. Und damit können Sie bei sich ankommen, in Verbindung kommen mit Ihrem ureigenen inneren Licht, mit all dem Guten in Ihnen, mit Ihrem Kern. Wenn Sie diese Verbindung zu sich spüren und halten können, haben Sie wahrlich alle Kraft und Zuversicht für Ihr Wohl-Sein und -Werden.

Der Morgengruß

Ein wunderbares Ritual, mit dem Sie dankbare Fülle
erleben können, ist der Morgengruß. Es ist unglaub-
lich schön, bereits den Morgen mit einem bejahen-
den Gefühl beginnen zu können. Denn wir kennen
alle diese Tage, die wir schon schlecht gelaunt begon-
nen haben und an denen dann auch wirklich alles
schiefging. Positiv begonnene Tage dagegen gelingen
wie von Zauberhand viel leichter und freudvoller. Mit
diesem Ritual können Sie Ihren Tag bereits mit einer
positiven inneren Einstellung starten.

Heben Sie dazu nach Ihrem Einstieg in das Ritual beide Arme in die Höhe, und zwar so weit, wie es für Sie
bequem ist und Sie nicht Nacken und Schultern dabei
anspannen. Das würde nur Ihre Durchlässigkeit blo-
ckieren. Ihre Hände sind dabei leicht gewölbt mit den
Handflächen nach oben, wie zwei empfangende Kel-
che. Nun sagen oder denken Sie für sich: »Ich begrüße
diesen neuen Tag. Ich danke dafür, dass ich diesen Tag
erleben darf.« Anschließend gebrauchen Sie die Formel: »Ich danke für alles Gute, das heute in mein Leben
kommt.« Dabei bewegen Sie Ihre Arme so, dass Sie all
das Gute über Ihrem Kopf einsammeln und sich zuführen (Bild rechts). Dazu senken Sie die Arme mit nach
unten weisenden Handflächen vor Ihrem Rumpf hinab bis zum Unterbauch. Dort angekommen, drehen Sie
Ihre Handflächen zum Bauch und lassen die gesammel-

Denken Sie an das Gute, das Sie empfangen.

te Energie in sich einströmen (Bild S. 98). Dieses Einsammeln und Aufnehmen der Energie führen Sie bitte
insgesamt dreimal durch, damit es bei Ihnen ankommen und sich festigen kann. Halten Sie Ihre Hände immer so lange vor Ihrem Bauch, bis Sie die Energie dort
wirklich spüren. Beim zweiten Einsammeln sagen Sie

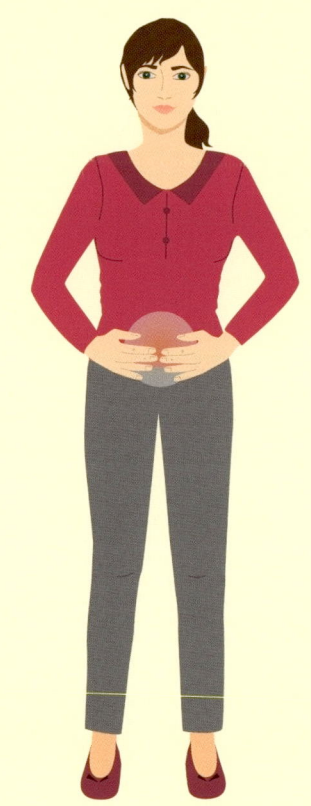

Die positiven Energien sammeln und bewusst aufnehmen

sich: »Ich nehme alles Gute dankbar in mir auf.« Und beim dritten Mal: »Und ich genieße und lebe alles Gute.« Damit gelingt es Ihnen, das Gute zu würdigen, an sich heranzulassen und sich daran zu erfreuen. So starten Sie mit einer großen Sammlung von Energie und der Offenheit und Bereitschaft für noch mehr Gutes.

Licht tanken

Dies ist ein immens kraftspendendes Ritual, das Ihnen immer dann helfen kann, wenn Sie sich richtig leer fühlen. Es ermöglicht Ihnen, sich mit der Kraft der Sonne und den segensreichen Energien um Sie herum zu verbinden. Dazu brauchen Sie allerdings tatsächlich die Sonne, denn sie ist unser aller Hauptenergiequelle.

Stellen Sie sich in Richtung Sonne auf und formen Sie mit den Händen ein Dreieck; dazu berühren sich jeweils die Zeigefinger- und die beiden Daumenkuppen Ihrer Hände. Das so entstandene Dreieck steht als Symbol für das Element Feuer.

Diese Feueröffnung halten Sie eine Zeit lang vor das große Sonnenfeuer. Darüber verbinden Sie sich mit der Kraft der Sonne und können sie so aufnehmen. Achten Sie darauf, nicht direkt in die Sonne zu blicken. Senken Sie dann Ihre Arme und bewegen Sie dabei Ihr mit der Kraft der Sonne aufgeladenes Dreieck weiterhin mit der Spitze nach oben hinab bis zu Ihrem Solarplexus, Ihrem Sonnengeflecht zwischen Rippenbogen und Bauchnabel. Dort ist die richtige Stelle, um die Sonnenkraft aufzunehmen. Die Formel »Ich bin genährt« oder »Ich genieße die Stärkung« bekräftigt den Vorgang. Wiederholen Sie dieses Auftanken noch zwei weitere Male und Sie werden eine positive Veränderung spüren.

Der blühende Baum

Dieses Ritual lebt besonders von seinem intensiven inneren Bild und schafft in Ihnen eine große Fülle von Energie und einen herrlichen, nährenden Energiekreis um Sie herum.

Stellen Sie sich vor, Sie sind ein Baum. Sind Sie eine herrlich üppig blühende Magnolie, ein zart blühender Apfel- oder Kirschbaum, eine geschmeidige Weide oder vielleicht eine lichte Birke? Nehmen Sie über Ihr starkes Wurzelwerk alle notwendige Kraft in sich auf. Dabei können Ihre Hände mit leicht ausgestreckten und gespreizten Fingern nach unten zum Boden zeigen. Führen Sie alle Kraft durch Ihren Stamm hinauf bis hoch zu Ihren Zweigen. Ihre Arme und Hände folgen unterstützend dem Fluss der Energien nach oben. Lenken Sie dann Ihre Kraft in die Zweigenden und lassen Sie Ihren Baum, Ihre Knospen in voller Pracht und Schönheit erblühen. Wenn die Energie besonders intensiv geworden ist, rieselt aus der Fülle Ihrer Blüten feinster, glitzernder Blütenstaub hinab auf die Erde. Ihre Arme und Hände senken sich dabei wieder mit ab, die Finger deuten das Rieseln an. Ihr Blütenlichtstaub sickert in die Erde hinein und nährt dort wieder Ihre Wurzeln. Ihr Energiekreis ist geschlossen. Sie sind genährt, Sie wachsen und sind geerdet zugleich. Während Sie Ihrer bildlichen Vorstellung folgen, können Sie das Entstehen

Ihres blühenden Baumes auch mit passenden Formeln unterstützen, etwa mit »Ich habe starken Halt«,
»Ich bekomme alles, was ich brauche«, »Ich bin stark
und ich wachse«, »Ich bilde alle Fülle und Schönheit
aus mir heraus«, »Ich bin gut zu mir und ich nähre
mich selbst.« Sie können dieses Ritual mit ganz großer Gestik für sich allein ausführen. Es funktioniert
aber auch nur durch die imaginierten Bilder, eventuell unterstützt durch kleine Bewegungen Ihrer Hände. Dann können Sie es wirklich überall, beispielsweise sogar während einer Bus- oder Bahnfahrt,
genießen. Ich wünsche Ihnen wunderbares Wachsen
und Gedeihen!

Der große Halt

Was mich bei meinem Studium der chinesischen As-
trologie stets am meisten berührt hat, ist das Kon-
zept der Himmels- und Erdkräfte. Wir sind in jedem
Jahr, Monat und Tag, in jeder Stunde und zu jedem
Zeitpunkt eingebettet und gehalten von einer himm-
lischen und einer irdischen Energie. Mit diesem Ritual können Sie sich ganz in diesen großen Halt hinein-
begeben, ihn genießen und sich davon tragen lassen.
Führen Sie das Ritual im Stehen aus. Nach Ihrer zen-
trierenden Rahmenhandlung stehen Sie aufrecht mit
hüftbreit platzierten Füßen. Schieben Sie Ihr Becken

leicht nach vorn. Stehen Sie mit lockeren Knien und sinken Sie ein wenig nach unten, als wollten Sie sich auf einem Barhocker niederlassen. Stellen Sie sich vor, wie aus Ihrem unteren Rücken heraus eine Verbindung entsteht bis hinunter zur Erde. Als würden dort Wurzeln herauswachsen bis tief in den Erdboden hinein und Ihnen damit eine solide Verankerung und einen sicheren Halt geben. Lassen Sie Ihre Wurzeln sich dort gut ausbreiten. Sie können dieses Einwurzeln unterstützen, indem Sie bei weiterhin aufrechtem Oberkörper Ihre Finger in Richtung Boden strecken und wie sich ausbreitende Wurzeln spreizen. Wenn Sie das gut und stabil fühlen können, lassen Sie Ihre Arme wieder locker neben Ihrem Körper hängen. Recken Sie dann Ihr Haupt mit seinem höchsten Punkt am Oberkopf in Richtung Himmel. Ihr Kinn wird sich dabei leicht absenken und zurückziehen, Ihr Nacken wird sich wohltuend strecken. Lassen Sie von Ihrem höchsten Punkt am Haupt eine glitzernde, starke Lichtschnur aufsteigen bis zum Himmel. Stellen Sie sich ruhig vor, wie am oberen Ende der Lichtschnur ein Haken befestigt ist, der sich oben im Himmel verankert. Auch diesen Vorgang können Sie gestisch verstärken, indem Sie einen Arm nach oben anheben und einen gekrümmten Finger oben im Himmel einhaken. Sind Sie gut spürbar gehalten, können Sie Ihre Arme wieder locker hängen lassen. Sie sind nun entspannt gehalten wie eine Marionette, die auch einfach nur da sein muss, die nichts von sich aus tun muss. Ihre ganze Wirbelsäule ist dabei wohltuend aufgerichtet und stellt einen wunderbar durchlässigen Kanal für alles Gute, was vom Himmel und von der Erde zu Ihnen kommt, dar. Genießen Sie in aller Ruhe diesen großen Halt. Die unterstützende Formel dabei lautet: »Ich habe allen Halt.«

Dankes-Lächeln

Ist Ihnen eigentlich bewusst, was für ein unglaubliches Wunder Sie sind – Sie und Ihr Körper? Wie fantastisch alles funktioniert? Wie entspannt können wir doch durch die Welt gehen. Selbst wenn wir uns einmal stoßen sollten – das vergeht wieder. Jeder noch so kleine Aufprall wäre mit einem Fahrzeug immer gleich ein arbeits- und kostenintensiver Blechschaden. Aber Ihr Körper heilt wieder, ganz von selbst. Das verdient doch wahrlich Würdigung und Dank. Wenn Sie sich sonst bei jemandem bedanken, verbinden Sie das mit einem freundlichen Lächeln. Lächeln Sie doch auch Ihrem starken und wunderbaren Körper liebevoll und dankbar zu. Gönnen Sie sich von Zeit zu Zeit eine Dankesrunde durch Ihren gesamten Körper. Am besten und schönsten ist es, wenn Sie bei Ihrem Dank tatsächlich lächeln. Sie können Ihren einzelnen Organen danken oder gleich ganzen Körperbereichen. Wenn Sie den Organen in Ihrem Unterbauch danken möchten, formen Sie mit beiden Händen eine Schale vor Ihrem Unterbauch, als wollten Sie alles liebevoll halten. Ihre Hände bilden so selbst ein freundliches Lächeln. Ihr Lächeln überträgt sich auf Ihren Unterbauch, und der lächelt zurück. Stellen Sie sich vor, wie Ihre schaufelförmigen Hüftknochen freundlich und entspannt lächeln. Auf diese Weise können Sie auch Ihrem Oberbauch danken und Ihr Lächeln von Ihrem Zwerchfell erwidern lassen. Bei Ihrem Brustkorb lassen Sie Ihre Rippen zurücklächeln, bei Ihren Schultern lächeln Ihre Schlüsselbeine. Bei Ihrem Gesicht lächeln Sie liebevoll und dankbar, sodass Ihr Lächeln bei Ihren Augen ankommt und sich dabei auch Ihr Kiefer dankbar entspannen kann. Sie wissen ja, wie positiv und bestärkend ein Dank und ein Lächeln wirken. Ebenso wirkt es auch bei Ihnen und für Sie. Die Formel »Ich bin voller Dank und Liebe« krönt Ihre Runde der Dankbarkeit für Sie und Ihren Körper.

Die Wohlhülle

Der verdiente Wissenschaftler Dr. Emoto hat die vorteilhafte Wirkung guter Worte und Gedanken auf die harmonische Ausbildung von Wasserkristallen nachgewiesen. Spätestens dadurch ist uns die belebende

Einfach wirkungsvoll: Ein Lächeln, das Ihr ganzes Selbst stärkt und erstrahlen lässt.

und nährende Wirkung unserer positiven Äußerungen und Einstellungen auf alles, was uns umgibt, und auf uns selbst bekannt. Nun können Sie sich bestimmt gut vorstellen, wie wohltuend und aufbauend ein Ritual auf Sie wirkt, bei dem Sie sich ganz in gute Worte und Bilder einhüllen.

Sie können sitzen oder auch stehen für dieses Ritual. Mit den Worten »Ich umgebe mich mit Gutem« leiten Sie es ein. Dann halten Sie eine Handfläche wie eine Schale vor Ihrem Unterbauch. Mit der anderen

Hand greifen Sie Gutes aus Ihrer Handschale heraus und platzieren es um sich herum. Das können positive Eindrücke Ihres Tages sein oder überhaupt gute, Sie nährende Bilder, etwa lachende Kinder, schöne Blumen, farbenfrohe, flatternde Schmetterlinge, glitzernde Tautropfen, Sonnenstrahlen, ein schillernder Regenbogen, ein Sonnenaufgang. Ebenso können es Worte und Begriffe sein, die Ihnen als Werte wichtig sind und durch die Sie gestärkt werden, beispielsweise Freundschaft, Freude, Liebe, Vertrauen, Zuneigung, Mitgefühl, Weisheit, Mut, Hoffnung, Zuversicht, Gelingen. Damit entstehen um Sie herum viele einzelne Lichtpunkte, die zusammen eine wunderschöne, netzartige Struktur ergeben. Sie knüpfen um sich herum ein großes, schönes Lichternetz. Sie sind von diesem Lichternetz ganz eingehüllt. Sie sind geborgen in Ihrer Wohlhülle. Und genau mit diesen Worten setzen Sie Ihren letzten, vervollkommnenden Lichtpunkt: »Ich bin wohlig lichtvoll eingehüllt in alles Gute.«

Das Dankeslicht

Dieses Ritual wirkt ähnlich wohltuend wie die Wohlhülle. Sein Schwerpunkt liegt noch mehr auf dem Dank. Ein Dank bietet uns immer wieder die Gelegenheit zum Innehalten und damit zum Bemerken und zum Würdigen dessen, was in unserem Leben alles vorhanden ist, was wir haben und womit wir beschenkt sind. Ohne einen würdigenden Dank könnten wir vor lauter Geschäftigkeit vieles gar nicht beachten. Wir würden all unseren Reichtum überhaupt nicht wahrnehmen, und entsprechend ärmer wäre unser Leben.

Darum dieses bewusste Dankritual. Sie können es gut am Abend als einen positiven Tagesabschluss ausführen. Dafür entzünden Sie vor sich eine Kerze und sagen dazu einleitend: »Ich danke für alles Lichtvolle und Gute in meinem Leben.« Dann schöpfen Sie mit beiden Händen alles Positive und Gute aus dem Licht der Kerze, führen es hoch über Ihren Kopf und lassen es von dort über sich ergießen. Sie werden ganz warm, schmeichelnd und weich, ganz licht und wohltuend davon eingehüllt. Schöpfen Sie sich alles Gute herbei, alle schönen Erlebnisse und Eindrücke des Tages, alles, was Ihnen Freude bereitet, was Ihnen gut gelungen ist, worauf Sie stolz, worüber Sie glücklich sind, was ein Lächeln auf Ihr Gesicht zaubert. Sie können jedes Schöpfen und nährende Ergießen mit einem Dank begleiten. Dazu brauchen Sie nicht mit Worten zu benennen, wofür Sie danken. Das würde Sie nur unnötig aus Ihrem positiven Empfinden drausbringen. Sagen oder denken Sie einfach jedes Mal: »Ich danke.« Zum Abschluss sagen Sie am besten erneut: »Ich danke für alles Lichtvolle und Gute in meinem Leben.«

Und genießen Sie Ihre wertvolle Fülle!

© Brigitta König

Lore Galitz ist Ritualmeisterin, Dozentin, Qi-Gong-Kursleiterin und Künstlerin. Sie hat Raumgestaltung und Religionspädagogik studiert und verfügt über Ausbildungen in Feng Shui, NLP und energetischer Heilarbeit. Zudem schöpft sie aus den Erfahrungen eines mehrere Jahrzehnte langen spirituellen Weges, der die eingehende Beschäftigung mit Christentum, Schamanismus, Taoismus und Buddhismus beinhaltet.

Aus dieser gesamten Kompetenz heraus führt sie achtsam und einfühlend Zeremonien und Rituale für Gruppen und Einzelpersonen durch. Ihre intensiv wirkenden Rituale laden ein zum liebevollen Willkommen heißen, zum bereichernden Zelebrieren und zum innigen Verbinden. Sie ermöglichen auf behutsame Weise befreiendes Loslassen und heilsamen Abschied.

In München bietet sie offene Gruppenrituale an, wie zum Jahreseinstieg an Lichtmess, zum Erntedank, zur Wintersonnenwende und zu anderen Anlässen.

Informationen zu den Ritualen, zu Veranstaltungen und eine monatlich erscheinende Ritualkolumne finden Sie unter: www.raumfuermehr.com.

Über dieses Buch

Hinweis für unsere Leser

Die Informationen in diesem Buch sind von Autorin und Verlag sorgfältig erwogen und geprüft, dennoch kann eine Garantie nicht übernommen werden. Eine Haftung der Autorin bzw. des Verlags und seiner Beauftragten für Personen-, Sach- und Vermögensschäden ist ausgeschlossen.

Der Irisiana Verlag weist ausdrücklich darauf hin, dass bei Links im Buch zum Zeitpunkt der Linksetzung keine illegalen Inhalte auf den verlinkten Seiten erkennbar waren. Auf die aktuelle und zukünftige Gestaltung, die Inhalte oder die Urheberschaft der verlinkten Seiten hat der Verlag keinerlei Einfluss. Deshalb distanziert sich der Irisiana Verlag hiermit ausdrücklich von allen Inhalten der verlinkten Seiten, die nach der Linksetzung verändert wurden und übernimmt für diese keine Haftung.

Bildnachweis

Fotolia.com: 38 (alexkharkov), 44 (styf), 51 (karamba2106), 69 (dimitriy);
Getty Images: 64 (The Image Bank), 82 (Vetta), 87 (Alan Bailey);
mauritius-images: 6 (Alamy), 9 (imageBROKER / Norbert Probst), 12 (imageBROKER / Alessandra Sarti), 18, 60, 105 (Westend61), 23 (Caia Image), 26 (foodcollection), 63 (Tetra Images), 94 (Stock4B);

Illustrationen: vm-grafik/Veronika Moga

MIX
Papier aus verantwortungsvollen Quellen
FSC
www.fsc.org
FSC® C005833

1. Auflage
© 2015 by Irisiana Verlag, einem Unternehmen der Verlagsgruppe
Random House GmbH München
Redaktion: Martin Stiefenhofer
Satz: Der Buchmacher, Arthur Lenner, München
Projektleitung: Sven Beier
Bildredaktion: Christa Jaeger
Umschlaggestaltung: Geviert, Grafik & Typografie
Umschlagmotiv: © 68/Ocean/Corbis
Druck und Bindung: Těšínská tiskárna a.s., Český Těšín
Printed in the Czech Republic
ISBN: 978-3-424-15284-5